# 世界広布新時代の指針

池田大作

JN024969

# 目次



装幀　中山聖雨

一、本書は、「大白蓮華」に掲載された「世界を照らす太陽の仏法」（二〇一五年五月号、二〇一九年五月号、二〇一六年一二月号、二〇一八年六月号、二〇一九年一月号＝本書収録順）を、著者の了解を得て『世界広布新時代の指針』として収録した。

一、御書の御文は、『新編　日蓮大聖人御書全集』（創価学会版、第二七五刷）に基づき（御書〇〇ページ）で示した。

一、法華経の経文は、『妙法蓮華経並開結』（創価学会版、第二刷）に基づき（法華経〇〇ページ）と示した。

一、引用文のなかで、旧字体を新字体に、旧仮名遣いを現代仮名遣いに改めたものもある。また、句読点を補ったものもある。

一、肩書、名称、時節等については、掲載時のままにした。

一、説明が必要と思われる語句には、（注〇）を付け、編末に［注解］を設けた。

――編集部

# 誓《せい》 願《がん》――人類《じんるい》の幸福《こうふく》へ仏法西還《せいかん》・世界《せかい》広布の旅《たび》を

きょうも、東天《とうてん》に太陽《たいよう》は昇《のぼ》ります。

毎朝《まいあさ》、暁光《ぎょうこう》は闇《やみ》を破《やぶ》り、刻一刻《こくいっこく》と大地《だいち》を明《あか》るく照《て》らしていきます。その光《ひかり》と熱《ねつ》は万物《ばんぶつ》の生命《せいめい》を目覚《めざ》めさせ、豊《ゆた》かに育《はぐく》みます。

太陽《たいよう》は大いなる希望《きぼう》です。太陽《たいよう》は限《かぎ》りない情熱《じょうねつ》です。太陽《たいよう》は停滞《ていたい》を知《し》らぬ活《かつ》動体《どうたい》です。そして、一切《いっさい》を温《あたた》かく包《つつ》む慈愛《じあい》の日輪《にちりん》です。

日蓮仏法は「太陽《たいよう》の仏法」です。

法華経の智慧《ちえ》と慈悲《じひ》の大光《たいこう》を、世界《せかい》に届《とど》けゆくのです。いまだ苦悩《くのう》と悲惨《ひさん》の闇深《やみふか》き地上《ちじょう》に、仏法の人間主義《しゅぎ》の光《ひかり》を贈《おく》り、民衆勝利《みんしゅうしょうり》の人華《にんげ》を晴《は》れやかに咲《さ》かせ広《ひろ》げていくのです。

## 「五・三」と「諫暁八幡抄《かんぎょうはちまんしょう》」

永遠に忘れられない創価の原点の日――五月三日。それは、恩師《おんし》・戸田城聖《じょうせい》先生が創価学会第二代会長に就任《しゅうにん》された日です。先生の不二《ふに》の弟子《でし》である私が、第三代会長として立《た》った日でもあります。

大難《だいなん》を乗《の》り越《こ》え、戸田先生が、いよいよ会長に就任《しゅうにん》されることを決意《けつい》された一九五一年（昭和二十六年）の春《はる》。その三月に、先生が私に、厳粛《げんしゅく》な面持《おもも》ちで講《こう》義《ぎ》してくださった御書の一つが、「諫暁八幡抄《かんぎょうはちまんしょう》」〈注1〉でありました。

当時《とうじ》の世界《せかい》は、韓《かん》・朝鮮半島《ちょうせんはんとう》を分断《ぶんだん》する残酷《ざんこく》な戦争《せんそう》の渦中《かちゅう》でした〈注2〉。第二次世界大戦《せかいたいせん》に蹂躙《じゅうりん》されたアジアの民衆《みんしゅう》が、再《ふた》び戦火《せんか》に苦《くる》しめられている。恩師《おんし》はその苦悩《くのう》に同苦《どうく》しながら、「今《いま》こそ広宣流布の時《とき》なり」と叫《さけ》び、決然《けつぜん》と立ち上がられたのです。この時期《じき》、「大白蓮華《だいびゃくれんげ》」に発表《はっぴょう》された論文《ろんぶん》「朝鮮動乱《ちょうせんどうらん》と広宣流布」に、「諫暁八幡抄《かんぎょうはちまんしょう》」の一節《いっせつ》が引《ひ》かれているのも、決《けっ》して偶然《ぐうぜん》ではありません。

「戦争《せんそう》の世紀《せいき》」から「平和《へいわ》の世紀《せいき》」へ！　そして、民衆《みんしゅう》が安穏《あんのん》で幸福《こうふく》に暮《く》らせる世界《せかい》を！

この恩師《おんし》の闘争《とうそう》を継《つ》いだ、わが使命《しめい》の法戦《ほうせん》にあって、私は、いついかなる時《とき》も、この誓《ちか》いを忘《わす》れたことはありません。

「世界広布新時代《せかいこうふしんじだい》」の指針として、まず「仏法西還《せいかん》」の未来記《みらいき》を明《あ》かされた「諫暁八幡抄《かんぎょうはちまんしょう》」を拝《はい》します。

この御文《ごもん》を拝《はい》するたび、日蓮大聖人の仏法の人間主義《しゅぎ》こそ全地球《ぜんちきゅう》を照《て》らす太《たい》陽《よう》であり、いよいよその時代《じだい》が到来《とうらい》していることを深《ふか》く実感《じっかん》して、私は世界《せかい》広宣流布への決意《けつい》を新《あら》たにします。戦《たたか》う勇気《ゆうき》が湧《わ》き上がります。

## 諫暁八幡抄《かんぎょうはちまんしょう》

### 御　文

（御書五八八ジペー十八行目～五八九ジペー二行目）

天竺国《てんじくこく》をば月氏国《がっしこく》と申《もう》すは仏《ほとけ》の出現《しゅつげん》し給《たも》うべき名《な》なり、扶桑国《ふそうこく》をば日本国《にほんこく》と申《もう》すあに聖人出《しょうにんい》で給《たま》わざらむ、月《つき》は西《にし》より東《ひがし》に向《むか》へり月氏《がっし》の仏法《ぶっぽう》の東《ひがし》へ流《なが》るべき相《そう》なり、日《ひ》は東《ひがし》より出《い》づ日本《にほん》の仏法《ぶっぽう》の月氏《がっし》へかへるべき瑞相《ずいそう》なり

### 現代語訳

天竺国《てんじくこく》を月氏国《がっしこく》というのは仏《ほとけ》の出現《しゅつげん》なさるべき国名《こくめい》である。扶桑国《ふそうこく》を日本国《にほんこく》という。どうして聖人《しょうにん》が出現《しゅつげん》なされないはずがあるだろうか。

月は最初《さいしょ》、西《にし》の空に出て輝《かがや》き、その後《あと》、（夜《よ》ごとに輝《かがや》き始《はじ》める位置《いち》が）東《ひがし》へ移動《いどう》していくが、それは月氏《がっし》の仏法が東《ひがし》の方《ほう》へ流布する相《そう》である。太陽《たいよう》は東《ひがし》から出る。日本の仏法が月氏国《がっしこく》に還《かえ》るという瑞相《ずいそう》である。

## 一閻浮提《いちえんぶだい》広宣流布の時《とき》が到来《とうらい》

「諫暁八幡抄《かんぎょうはちまんしょう》」は弘安《こうあん》三年（一二八〇年）十二月、身延《みのぶ》において認《したた》められ、門下全体《もんかぜんたい》に送《おく》られた意義深《いぎぶか》き御抄《ごしょう》です。

再度《さいど》の蒙古襲来《もうこしゅうらい》が切迫《せっぱく》するなかで、前月《ぜんげつ》の十一月には、鎌倉幕府《かまくらばくふ》の守護神《しゅごしん》とされていた八幡大菩薩《はちまんだいぼさつ》の社殿《しゃでん》が焼亡《しょうぼう》するなど、物情騒然《ぶつじょうそうぜん》としていた時代《じだい》です。

一方《いっぽう》、「熱原《あつはら》の法難《ほうなん》」〈注3〉に見られるように、大聖人門下《もんか》への迫害《はくがい》は止《や》むことはありませんでした。その渦中《かちゅう》にあって、大聖人は厳然《げんぜん》と広宣流布の大闘争《だいとうそう》の指揮《しき》を執《と》られていたのです。

本抄《ほんしょう》では、月と太陽《たいよう》の動《うご》きに寄《よ》せて、過去《かこ》の「仏法東漸《とうぜん》」と、未来《みらい》の「仏法西還《せいかん》」を譬《たと》えられています。

日没後《にちぼつご》、夜空《よぞら》に月が輝《かがや》き始《はじ》める位置《いち》は、毎日《まいにち》、同《おな》じ時刻《じこく》でみると、一夜《いちや》ごとに西《にし》から東《ひがし》へと移動《いどう》していきます。すなわち、三日月《みかづき》は西《にし》の空で輝《かがや》き始《はじ》めるとすぐに沈《しず》み、上弦《じょうげん》の月は南《みなみ》の空に現《あらわ》れ、満月《まんげつ》になると東《ひがし》の空に皓々《こうこう》と輝《かがや》きながら昇《のぼ》ってきます。

この「月《つき》は西《にし》より東《ひがし》に向《むか》へり」と言《い》われた月の動《うご》きは、大聖人が認識《にんしき》された「仏法東漸《とうぜん》」の歩《あゆ》みと象徴的《しょうちょうてき》に重《かさ》ねられます。

日本のはるか西方《せいほう》にあり、「月氏国《がっしこく》」とも呼《よ》ばれたインド（天竺国《てんじくこく》）に出現《しゅつげん》した釈尊《しゃくそん》の仏法は、中央《ちゅうおう》アジアを経《へ》て、中国《ちゅうごく》、朝鮮《ちょうせん》、日本へと伝来《でんらい》しました。

いわゆる正法《しょうほう》・像法《ぞうほう》・末法《まっぽう》の三時《さんじ》でいえば、正像時代《しょうぞうじだい》の流伝《るでん》といえます。

一方《いっぽう》、末法《まっぽう》においては、東天《とうてん》に昇《のぼ》った太陽《たいよう》が西《にし》へ移《うつ》っていくように、大聖人の「太陽《たいよう》の仏法」が西《にし》へ還《かえ》り、全世界《ぜんせかい》を照《て》らしていくのです。過去《かこ》の「仏法東漸《とうぜん》」から末法《まっぽう》の「仏法西還《せいかん》」へ――この一閻浮提《いちえんぶだい》（全世界《ぜんせかい》）への広宣流布の展望《てんぼう》について、大聖人は既《すで》に文永《ぶんえい》十年（一二七三年）、佐渡《さど》の地《ち》で「顕仏未来記《けんぶつみらいき》」に認《したた》められていました。

すなわち、「月《つき》は西《にし》より出《い》でて東《ひがし》を照《てら》し日《ひ》は東《ひがし》より出《い》でて西《にし》を照《てら》す仏法《ぶっぽう》も又《また》以《もっ》て是《か》くの如《ごと》し正像《しょうぞう》には西《にし》より東《ひがし》に向《むか》い末法《まっぽう》には東《ひがし》より西《にし》に往《ゆ》く」「仏法必《ぶっぽうかなら》ず東土《とうど》の日本《にほん》より出《い》づべきなり」（御書五〇八ジペー）と仰《おお》せです。

## 娑婆世界《しゃばせかい》の仏法流布を託《たく》す

まず、指摘《してき》しておきたいのは、大聖人が「諫暁八幡抄《かんぎょうはちまんしょう》」の御文《ごもん》で、釈尊在世《しゃくそんざいせ》と滅後末法《めつごまっぽう》に寄《よ》せて日月《にちがつ》に譬《たと》えられているのは、いずれも「法華経」であるということです。

法華経ほど、数《かず》ある大乗経典《だいじょうきょうてん》の中でも徹底《てってい》して「娑婆世界《しゃばせかい》」「一閻浮提《いちえんぶだい》」の衆生《しゅじょう》の救済《きゅうさい》をテーマにした経典《きょうてん》はありません。

では、この娑婆世界《しゃばせかい》とは、いかなる世界《せかい》か。

「娑婆《しゃば》」とは「堪忍世界《かんにんせかい》」、苦《くる》しみを堪《た》え忍《しの》ぶ世界《せかい》を意味《いみ》しました。この娑婆《しゃば》国《こく》に住む人々は、煩悩《ぼんのう》ゆえに、〝悪《わる》い習《なら》わしが多《おお》く、慢心《まんしん》を抱《いだ》き、功徳《くどく》は浅《あさ》く、瞋《いか》りや諂《へつら》いで生命《せいめい》がひねくれ、心《こころ》は不実《ふじつ》である〟〈注4〉とまで忌《い》み嫌《きら》われる衆生《しゅじょう》です。

仏《ほとけ》の異名《いみょう》を「能忍《のうにん》」というのは、まさしくこの苦悩多《くのうおお》き世界《せかい》で、忍耐強《にんたいづよ》く、一切衆生《いっさいしゅじょう》の救済《きゅうさい》に邁進《まいしん》する勇者《ゆうしゃ》であるからです。そして、師匠《ししょう》・釈尊《しゃくそん》の後継者《こうけいしゃ》として、この娑婆世界《しゃばせかい》で法華経を広宣流布する喜《よろこ》びに、勇《いさ》んで躍《おど》り出《で》た直弟子《じきでし》こそ「地涌《じゆ》の菩薩《ぼさつ》」〈注5〉です。

本抄《ほんしょう》には、娑婆世界《しゃばせかい》の衆生《しゅじょう》のために大聖人が立宗宣言《りっしゅうせんげん》されてから、妙法弘通《ぐつう》一筋《ひとすじ》に戦《たたか》われてきた御心境《ごしんきょう》が明《あ》かされています。

「今日蓮《いまにちれん》は去《い》ぬる建長《けんちょう》五年〈癸丑《みずのとうし》〉四月二十八日より今年弘安《ことしこうあん》三年〈太歳庚《たいさいかのえ》

辰《たつ》〉十二月にいたるまで二十八年が間又《あいだまた》他事《たじ》なし、只妙法蓮華経《ただみょうほうれんげきょう》の七字五字《しちじごじ》を日本国《にほんこく》の一切衆生《いっさいしゅじょう》の口《くち》に入《い》れんとはげむ計《ばか》りなり、此《こ》れ即母《すなわちはは》の赤子《あかご》の口《くち》に乳《ちち》を入《い》れんとはげむ慈悲《じひ》なり」（御書五八五㌻）

この御本仏《ごほんぶつ》の大慈大悲《だいじだいひ》に連《つら》なる誓願《せいがん》に立ち、広宣流布を現実《げんじつ》に進《すす》めてきた仏勅《ぶっちょく》の教団《きょうだん》が創価学会です。創立《そうりつ》の父《ちち》・牧口常三郎《つねさぶろう》先生も、所持《しょじ》する御書に線《せん》を引《ひ》かれていた一節《いっせつ》です。

一九六一年（昭和三十六年）の二月、私は、初《はじ》めてインドを訪問《ほうもん》し、釈尊成道《しゃくそんじょうどう》の地《ち》ブッダガヤに「仏法西還《せいかん》」の足跡《そくせき》を留《とど》め、東洋《とうよう》広布、世界《せかい》広布への誓《ちか》いを新《あら》たにしました。以来《いらい》、広布の大願《だいがん》に生《い》き抜《ぬ》くなかで、今や妙法は百九十二カ国・地域《ちいき》に広《ひろ》がり、世界《せかい》の民衆《みんしゅう》に慈光《じこう》を注《そそ》いでおります。

インド文化国際《ぶんかこくさい》アカデミーのロケッシュ・チャンドラ博士〈注6〉も、ＳＧＩ（創価学会インタナショナル）によって、「『法華経』が日本から世界《せかい》に広《ひろ》まったのです！」「太陽《たいよう》が東《ひがし》から西《にし》へと移動《いどう》するのと同《おな》じく、『法華経』も東《ひがし》から西《にし》へと〝旅《たび》〟をしている。世界《せかい》の各国《かっこく》を旅《たび》している」と讃嘆《さんたん》されています。インドの最高峰《さいこうほう》の知性《ちせい》が、多宝《たほう》の証明《しょうめい》の如《ごと》く、証言《しょうげん》してくださっているのです。

## 諫暁八幡抄《かんぎょうはちまんしょう》

**御文**

（御書五八九ジペ一二行目～四行目）

月《つき》は光《ひかり》あきらかならず在世《ざいせ》は但《ただ》八年なり、日《ひ》は光明《こうみょう》・月《つき》に勝《まさ》れり五五百歳《ごのごひゃくさい》の長《なが》き闇《やみ》を照《てら》すべき瑞相《ずいそう》なり、仏《ほとけ》は法華経謗《ほけきょうほう》法《ぼう》の者《もの》を治《じ》し給《たま》はず在世《ざいせ》には無《な》きゆへに、末法《まっぽう》には一乗《いちじょう》の強《ごう》敵充満《てきじゅうまん》すべし不軽菩薩《ふきょうぼさつ》の利益《りやく》此《こ》れなり、各各我《おのおのわ》が弟子《でし》等《ら》はげませ給《たま》へはげませ給《たま》へ

## 現代語訳

月はその光《ひかり》が明《あき》らかでない。それと同《おな》じように仏《ほとけ》の在世《ざいせ》の法華経の説法《せっぽう》はただ八年である。太陽《たいよう》の光明《こうみょう》は月に勝《まさ》っている。これは五《ご》の五《ご》百歳《ひゃくさい》・末法《まっぽう》の長《なが》き闇《やみ》を照《て》らす瑞相《ずいそう》である。

仏《ほとけ》は法華経を誹謗《ひぼう》する者《もの》を治《じ》されることはなかった。それは在世《ざいせ》に謗法《ほうぼう》の者《もの》がいなかったからである。末法《まっぽう》には必《かなら》ず一乗《いちじょう》である法華経に反発《はんぱつ》する強敵《ごうてき》が充満《じゅうまん》するであろう。ゆえに不軽菩薩《ふきょうぼさつ》の実践によって衆《しゅ》生《じょう》を利益《りやく》するのである。

おのおの我《わ》が弟子《でし》たちは、ますます信心に励《はげ》まれるべきである。励《はげ》まれるべきである。

## 末法《まっぽう》の長《なが》き闇《やみ》を照《て》らす

ここでは「仏《ほとけ》が在世《ざいせ》に法華経を説《と》かれたのはただ八年である」として、月《つき》の光《ひかり》に譬《たと》えられています。一方《いっぽう》、末法《まっぽう》の「長《なが》き闇《やみ》」を照《て》らす太陽《たいよう》もまた法華経です。日月《にちがつ》は共《とも》に法華経の譬喩《ひゆ》であり、込《こ》められた願《ねが》いも娑婆世界《しゃばせかい》の一切衆生《いっさいしゅじょう》の救済《きゅうさい》で、その心《こころ》は同《おな》じです。

そのうえで本抄《ほんしょう》に、日月《にちがつ》の明《あか》るさの違《ちが》いが提起《ていき》されているのは、まず前提《ぜんてい》として、釈尊出世《しゃくそんしゅっせ》の国《くに》であり、法華経の故郷《こきょう》である月氏国《がっしこく》（インド）において、残念《ざんねん》ながら仏教《ぶっきょう》が既《すで》に滅《ほろ》んでしまっていたという認識《にんしき》があります。

「顕仏未来記《けんぶつみらいき》」では、中国《ちゅうごく》の唐《とう》の時代《じだい》に、インドで正しい仏法が失《うしな》われていたので、中国《ちゅうごく》で探《さが》し求《もと》められてきた話《はなし》が紹介《しょうかい》されています。また、その中国《ちゅうごく》でも宋《そう》の時代《じだい》に北方《ほっぽう》の異民族《いみんぞく》の侵入《しんにゅう》によって、北宋《ほくそう》の滅亡《めつぼう》とともに仏法が衰退《すいたい》したことにも言及《げんきゅう》されています。〈注7〉

当時《とうじ》の日本人にとって、インド・中国《ちゅうごく》・日本の三国が全世界《ぜんせかい》でした。そのうち、インド・中国《ちゅうごく》では既《すで》に仏教《ぶっきょう》が失《うしな》われていたと認識《にんしき》されていたのです。

だからこそ、太陽《たいよう》の如《ごと》く一切衆生《いっさいしゅじょう》の苦悩《くのう》の闇《やみ》を破《やぶ》る法華経の智慧《ちえ》の大光《たいこう》を、再《ふた》び中国《ちゅうごく》、インドの大地《だいち》に還《かえ》していく。仏法の人間主義《しゅぎ》の生命《せいめい》を蘇《よみがえ》らせ、永遠《えいえん》に全民衆《ぜんみんしゅう》の心《こころ》を潤《うるお》していく。これを「仏法西還《せいかん》」というのです。

## 「人間不信《ふしん》」の無明《むみょう》を打《う》ち破《やぶ》る

本抄《ほんしょう》では、末法悪世《まっぽうあくせ》にあっては、「一乗《いちじょう》の強敵《ごうてき》」——法華誹謗《ほっけひぼう》の敵人《てきじん》が充満《じゅうまん》していると断言《だんげん》されています。

いかなる人も本来《ほんらい》、仏性《ぶっしょう》、すなわち偉大《いだい》な仏《ほとけ》の生命《せいめい》を具《そな》えた尊極《そんごく》の存在《そんざい》であることを明《あ》かしたのが法華経です。誰《だれ》もが尊厳《そんげん》であり、誰《だれ》もが尊貴《そんき》なのです。

この生命本有《せいめいほんぬ》の輝《かがや》きと無限《むげん》の可能性《かのうせい》を信《しん》じない、無明《むみょう》〈注8〉から生ずる無知《むち》こそが「法華経謗法《ほけきょうほうぼう》」の本質《ほんしつ》です。

大聖人は、もしも、この真実《しんじつ》を見ながら、知《し》らぬふりをして黙《だま》って放置《ほうち》するなら、通常《つうじょう》の罪業《ざいごう》ではなく、謗法与同《ほうぼうよどう》の大罪《たいざい》によって大阿鼻地獄《だいあびじごく》を巡《めぐ》ることになるだろう、どうして身命《しんみょう》を捨《す》てて謗法《ほうぼう》を呵責《かしゃく》せずにいられようか――と言われます。〈注9〉

そして、一見《いっけん》、それぞれが異《こと》なる苦悩《くのう》を受《う》けているような人々が、根本的《こんぽんてき》には、すべて「法華経謗法《ほけきょうほうぼう》」による「同一苦《どういっく》」であるとして、こう仰《おお》せです。

「涅槃経《ねはんぎょう》に云《いわ》く『一切衆生異《いっさいしゅじょうい》の苦《く》を受《う》くるは悉《ことごと》く是如来一人《これにょらいいちにん》の苦《く》なり』等云《とううん》云《ぬん》、日蓮云《にちれんいわ》く一切衆生《いっさいしゅじょう》の同一苦《どういつく》は悉《ことごと》く是日蓮一人《これにちれんいちにん》の苦《く》と申《もう》すべし」（御書五八七ジペー）

「法華経謗法《ほけきょうほうぼう》」という根源的《こんげんてき》な生命軽視《せいめいけいし》、人間不信《ふしん》との戦《たたか》いが、折伏《しゃくぶく》です。根本《こんぽん》の苦悩《くのう》の因《いん》を取《と》り除《のぞ》こうと誓《ちか》った最高《さいこう》の慈悲《じひ》の実践《じっせん》です。それは同時《どうじ》に、生命《せいめい》に巣《す》くう無明《むみょう》を破《やぶ》るがゆえに、反動《はんどう》として三障四魔《さんしょうしま》〈注10〉や三類《さんるい》の強敵《ごうてき》〈注11〉を呼《よ》び起《お》こします。

法華経において、この不惜《ふしゃく》の誓願《せいがん》を体現《たいげん》したのが不軽菩薩《ふきょうぼさつ》〈注12〉です。反《はん》発《ぱつ》され、悪口罵詈《あっくめり》や杖木瓦石《じょうもくがしゃく》の難《なん》を受《う》けますが、仏法への縁《えん》を結《むす》ぶことで、迫《はく》害《がい》した人々を最後《さいご》はすべて救《すく》うのです。

本抄《ほんしょう》には「不軽菩薩《ふきょうぼさつ》の利益《りやく》」と仰《おお》せです。不軽《ふきょう》の跡《あと》を継承《けいしょう》した万人尊敬《ばんにんそんけい》の行《こう》動《どう》によってこそ、末法《まっぽう》の広宣流布も必《かなら》ず実現《じつげん》するのです。

## 「対話《たいわ》の力《ちから》」によって平和《へいわ》を実現《じつげん》

さらに、不軽《ふきょう》の実践《じっせん》から学びたい。

不軽菩薩《ふきょうぼさつ》は、縁《えん》するすべての人々の生命《せいめい》に尊極《そんごく》の仏性《ぶっしょう》を見て礼拝《らいはい》します。自《じ》他共《たとも》の尊厳《そんげん》を信《しん》じた、最高《さいこう》の人間尊敬《そんけい》の修行《しゅぎょう》です。

そして不軽菩薩《ふきょうぼさつ》は、どこまでも「非暴力《ひぼうりょく》」であり、徹《てっ》して「対話《たいわ》」の実践《じっせん》を貫《つらぬ》き通《とお》します。「杖木瓦石《じょうもくがしゃく》」という身体的暴力《しんたいてきぼうりょく》の迫害《はくがい》を受《う》けても、決《けっ》して暴力《ぼうりょく》で返《かえ》さない。

杖木瓦石《じょうもくがしゃく》の攻撃《こうげき》を受《う》けそうになると、さっと身《み》をかわし、それらが届《とど》かない距離《きょり》をとって、また声高《こえたか》く「私はあなた方《がた》を軽《かろ》んじません。あなた方《がた》は皆《みな》、必《かなら》ず成仏《じょうぶつ》するでしょう」と叫《さけ》びます。暴力《ぼうりょく》を聡明《そうめい》に回避《かいひ》しながら、粘《ねば》り強《づよ》く相手《あいて》の目覚《めざ》めを触発《しょくはつ》し抜《ぬ》くのです。

「ノンキリング（不殺生《ふせっしょう》）」の社会《しゃかい》を探究《たんきゅう》されてきた著名《ちょめい》な平和学者《へいわがくしゃ》のペイジ博士〈注13〉と、「非暴力《ひぼうりょく》」について語《かた》り合《あ》った際《さい》、私は不軽菩薩《ふきょうぼさつ》の実践《じっせん》を紹介《しょうかい》しました。

〝物理的暴力《ぶつりてきぼうりょく》、言論《げんろん》の暴力《ぼうりょく》の嵐《あらし》に耐《た》えながら、不軽菩薩《ふきょうぼさつ》は万人《ばんにん》に仏性《ぶっしょう》があることを信《しん》じ、誰人《たれびと》をも「軽《かろ》んぜず」礼拝《らいはい》した〟と。

ペイジ博士も、私どもの平和運動《へいわうんどう》を高《たか》く評価《ひょうか》し、期待《きたい》もされていました。

初期《しょき》の仏典《ぶってん》には、釈尊《しゃくそん》が「生きものを（みずから）殺《ころ》してはならぬ。また（他《た》人《にん》をして）殺《ころ》さしめてはならぬ。また他《た》の人々が殺害《さつがい》するのを容認《ようにん》してはならぬ」（『ブッダのことば』中村元訳、岩波書店）と説《と》いたとあります。

自分《じぶん》だけでなく、他人《たにん》にも殺生《せっしょう》という悪業《あくごう》を積《つ》ませてはならないというのです。不軽菩薩《ふきょうぼさつ》の実践《じっせん》や、この釈尊《しゃくそん》の金言《きんげん》が示《しめ》す仏法の思想《しそう》は、現代社会《げんだいしゃかい》における非暴力《ひぼうりょく》と平和《へいわ》の運動《うんどう》の大いなる光源《こうげん》となると思《おも》っております。

大聖人は仰《おお》せです。

「一代《いちだい》の肝心《かんじん》は法華経《ほけきょう》・法華経《ほけきょう》の修行《しゅぎょう》の肝心《かんじん》は不軽品《ふきょうほん》にて候《そうろう》なり、不軽菩薩《ふきょうぼさつ》の人《ひと》を敬《うやま》いしは・いかなる事《こと》ぞ教主釈尊《きょうしゅしゃくそん》の出世《しゅっせ》の本懐《ほんかい》は人《ひと》の振舞《ふるまい》にて候《そうらい》けるぞ」（御書一一七四ページ）

戸田先生は、私たちが推進《すいしん》する広宣流布の遠大《えんだい》な意義《いぎ》について、「人類《じんるい》の境涯《きょうがい》を高《たか》める」戦《たたか》いだと言われていました。不軽《ふきょう》の実践《じっせん》は、まさにその基盤《きばん》を創《つく》っていくものです。

## 世界《せかい》広布新時代《しんじだい》へ勇《いさ》んで前進《ぜんしん》を

いよいよ、本格的《ほんかくてき》な世界《せかい》広布新時代《しんじだい》！——その意義《いぎ》は本当《ほんとう》に大きい。

第一に「地涌《じゆ》の自覚《じかく》」が全世界《ぜんせかい》に広《ひろ》がったということです。各国《かっこく》のメンバーが、わが国土《こくど》の広宣流布、わが地域《ちいき》の広宣流布は、自分《じぶん》たちが責任《せきにん》をもって担《にな》うという自覚《じかく》で生き生きと立ち上がっています。

昨秋《さくしゅう》（二〇一四年十一月）、私は総本部《そうほんぶ》の「広宣流布大誓堂《だいせいどう》」で各国《かっこく》の地涌《じゆ》のリーダーたちとお会《あ》いしました。

皆《みな》、希望《きぼう》に燃《も》えていました。まぶしく輝《かがや》くその顔《かんばせ》には、「私たちの国《くに》の広宣流布は、私たちにお任《まか》せください！」との決意《けつい》がみなぎっていました。国籍《こくせき》や民族《みんぞく》、言語《げんご》や文化《ぶんか》の違《ちが》いも超《こ》えて、地涌《じゆ》の菩薩《ぼさつ》の誇《ほこ》りが光《ひか》っていました。こんなに嬉《うれ》しいことはありません。

まさに、世界中《せかいじゅう》に、「大法弘通慈折広宣流布《だいほうぐつうじしゃく》」の大願《だいがん》を持《も》ち、師弟共戦《していきょうせん》で戦《たたか》う勇者《ゆうしゃ》の陣列《じんれつ》がそろいました。なかんずく青年たちが立ち上がっています。この目覚《めざ》ましい地涌《じゆ》の自覚《じかく》の拡大《かくだい》こそ、わが全世界の創価の発迹顕本《ほっしゃくけんぽん》〈注14〉にほかなりません。

第二に、地球上《ちきゅうじょう》のいずこの地域《ちいき》にあっても、同志《どうし》がいて、宗教《しゅうきょう》・宗派《しゅうは》を超《こ》えた「人間主義《しゅぎ》のネットワーク」を創《つく》り広《ひろ》げています。人間の善性《ぜんせい》を開発《かいはつ》しゆく連帯《れんたい》が築《きず》かれているのです。世界中《せかいじゅう》の「ザダンカイ（座談会）」の人華《にんげ》の集《つど》いは、そのまま法華経の通《とお》り、「生命尊厳《せいめいそんげん》」「万人尊敬《ばんにんそんけい》」の平和《へいわ》と調和《ちょうわ》の世界《せかい》を二十一世紀《せいき》に現出《げんしゅつ》している会座《えざ》そのものです。

一人の学会員の周囲《しゅうい》に、どれだけ多《おお》くの人間尊敬《そんけい》の連帯《れんたい》が結《むす》ばれていることか。ここにこそ、確《たし》かなる民衆《みんしゅう》の平和《へいわ》の砦《とりで》が一つ、また一つと、着実《ちゃくじつ》に築《きず》かれているのです。

そして第三に、創価の人間主義の運動《うんどう》は今《いま》、世界中《せかいじゅう》に新《あら》たな希望《きぼう》を創造《そうぞう》しているということです。私たちの住《す》む地球《ちきゅう》は、グローバル化の一面《いちめん》、悲惨《ひさん》と不幸《ふこう》が拡大《かくだい》し、世界中《せかいじゅう》が濁劫《じょっこう》（時代《じだい》の濁《にご》り）悪世《あくせ》の様相《ようそう》を見せております。人間に対《たい》する根本的《こんぽんてき》な不信《ふしん》が増長《ぞうちょう》している現代《げんだい》は、いわば世界規模《せかいきぼ》で「末法《まっぽう》」の実態《じったい》が広《ひろ》がっているともいえる。

だからこそ、心《こころ》ある人々は、いかなる困難《こんなん》に遭遇《そうぐう》しても、蘇生《そせい》と前進《ぜんしん》を促《うなが》す希望《きぼう》の宗教《しゅうきょう》を、そして、人間の内《うち》なる可能性《かのうせい》を開《ひら》く哲学《てつがく》を待望《たいぼう》しているのです。〈釈尊《しゃくそん》――法華経――日蓮大聖人――創価学会〉という地涌《じゆ》の人間主義の系譜《けいふ》を持つ仏教を世界《せかい》が希求《ききゅう》しています。

学会員が地涌《じゆ》の本領《ほんりょう》を発揮《はっき》する時代《じだい》を迎《むか》えました。末法《まっぽう》の「長《なが》き闇《やみ》を照《てら》す」人間群《ぐん》が誕生《たんじょう》することを、多くの人々が祝福《しゅくふく》して求《もと》めています。世界中《せかいじゅう》で学会員が、はつらつと活躍《かつやく》し、新《あたら》しい地球文明《ちきゅうぶんめい》を創出《そうしゅつ》する舞台《ぶたい》が整《ととの》いました。「仏法西還《せいかん》」の一大実証《いちだいじっしょう》たる絢爛《けんらん》たる地涌《じゆ》の乱舞《らんぶ》によって、「太陽《たいよう》の仏法」が世界《せかい》を照《て》らす新時代《しんじだい》が到来《とうらい》したのです。

## 壮大《そうだい》な未来記《みらいき》を受《う》け継《つ》ぐ弟子《でし》へ

時代《じだい》を創《つく》る要諦《ようてい》は、どこまでも行動《こうどう》です。

「太陽《たいよう》の仏法」といっても、その実像《じつぞう》は、いかなる時《とき》、いかなる場所《ばしょ》であっても、そこに悩《なや》み苦《くる》しんでいる人がいる限《かぎ》り、その人を励《はげ》まし、蘇生《そせい》させていく行動《こうどう》の中にあります。

そして「太陽《たいよう》の仏法」を担《にな》う地涌《じゆ》の菩薩《ぼさつ》は、どこまでも現実社会《げんじつしゃかい》を駆《か》け巡《めぐ》りながら、一人また一人と関《かか》わり続《つづ》け、苦悩《くのう》の闇《やみ》を追《お》い払《はら》い、生《い》きる力《ちから》を、また生《い》きる喜《よろこ》びの光明《こうみょう》を贈《おく》るのです。

日蓮大聖人の壮大《そうだい》な「仏法西還《せいかん》」のビジョンを継承《けいしょう》された日興上人《にっこうしょうにん》は、「西《さい》天《てん》の仏法東漸《ぶっぽうとうぜん》の時《とき》・既《すで》に梵音《ぼんのん》を飜《ほん》じて倭漢《わかん》に伝《つた》うるが如《ごと》く本朝《ほんちょう》の聖語《せいご》も広宣《こうせん》の日《ひ》は亦《また》仮字《かな》を訳《やく》して梵震《ぼんしん》に通《つう》ず可《べ》し」（御書一六一三ジペー）と遺《のこ》されました。御書を翻訳《ほんやく》して、師匠《ししょう》の言葉《ことば》を世界《せかい》に伝《つた》えたい――不二《ふに》の弟子《でし》の重大《じゅうだい》な悲願《ひがん》であると拝《はい》せます。

この師弟《してい》の一閻浮提《いちえんぶだい》広宣流布への誓願《せいがん》を受《う》け継《つ》いだのが創価学会です。戸田先生は、創価学会版の『日蓮大聖人御書全集』の「発刊《はっかん》の辞《じ》」に、「この貴重《きちょう》なる大経典《だいきょうてん》が全東洋《ぜんとうよう》へ、全世界《ぜんせかい》へ、と流布して行く事《こと》をひたすら祈念《きねん》して止《や》まぬものである」と記《しる》されました。

そして今《いま》、英語《えいご》や中国語《ちゅうごくご》、スペイン語《ご》をはじめ各言語《かくげんご》に御書が翻訳《ほんやく》されるとともに、各国《かっこく》に地涌《じゆ》の菩薩《ぼさつ》が躍《おど》り出《で》て、それぞれの言語《げんご》で仏法対話《たいわ》を広《ひろ》げる時《じ》代《だい》になりました。

あらためて今回《こんかい》の御文《ごもん》に戻《もど》れば、「仏法西還《せいかん》」の未来記《みらいき》を締《し》めくくるに際《さい》し、大聖人は「各各我《おのおのわ》が弟子等《でしら》はげませ給《たま》へはげませ給《たま》へ」――わが弟子《でし》たちよ、いよいよ信心に励《はげ》んでいきなさい、と結ばれています。

この御精神《ごせいしん》を受《う》け継《つ》いだ我《われ》らの使命《しめい》は大《おお》きい。これからが大事《だいじ》です。

## 各人《かくじん》が「太陽《たいよう》の時代《じだい》」の主人公《しゅじんこう》に

「太陽《たいよう》の時代《じだい》」の到来《とうらい》を提唱《ていしょう》された、アメリカの未来学者《みらいがくしゃ》ヘンダーソン博士〈注15〉は、「皆《みな》が勝者《しょうしゃ》となる世界《せかい》」の建設《けんせつ》を展望《てんぼう》し、「ただ連帯《れんたい》を広《ひろ》げていくだけでなく、その基盤《きばん》に、目覚《めざ》めた一人一人の『精神性《せいしんせい》の変革《へんかく》』が欠《か》かせません」と指摘《してき》されていました。

「その意味《いみ》で、私は、人間精神《せいしん》の変革《へんかく》を基調《きちょう》にして平和《へいわ》・文化《ぶんか》・教育《きょういく》の運動《うんどう》を進《すす》めるSGIに、大きな期待《きたい》を寄《よ》せるものです」とも語《かた》られました。

未来《みらい》を照《て》らす光《ひかり》は、わが胸中《きょうちゅう》にあります。

一人一人が世界《せかい》広布の主人公《しゅじんこう》なのです。

「太陽《たいよう》の仏法」を持《たも》った私たちは、いやまして「人間革命《かくめい》の光《ひかり》」を社会《しゃかい》へ、世界《せかい》へ、未来《みらい》へ放《はな》ちゆくことを決意《けつい》し合《あ》って、師弟共戦《していきょうせん》の新《あら》たな広布の旅《たび》を力《ちから》強《づよ》く出発《しゅっぱつ》しようではありませんか。

［注　解］

〈注1〉【諌暁八幡抄《かんぎょうはちまんしょう》】弘安《こうあん》三年（一二八〇年）十二月、日蓮大聖人が身延《みのぶ》で述作《じゅっさく》された書。法華経守護《しゅご》を誓《ちか》った八幡大菩薩《はちまんだいぼさつ》が法華経の行者《ぎょうじゃ》である大聖人を守護しない怠慢《たいまん》を諌《いさ》めるとともに、大聖人の仏法が西還《せいかん》し流布されていくことを明かされる。

〈注2〉朝鮮戦争《ちょうせんせんそう》のこと。一九五〇年（昭和二十五年）六月から五三年（同二十八年）七月まで、大韓民国（韓国）と朝鮮民主主義人民共和国（北朝鮮）との間《あいだ》で行《おこな》われた戦争《せんそう》。韓国はアメリカ軍《ぐん》を中心《ちゅうしん》とした国連軍《こくれんぐん》の支援《しえん》、北朝鮮はソ連や中国人民義勇軍《ぎゆうぐん》の支援《しえん》を受《う》け、国際紛争《こくさいふんそう》に発展《はってん》。最終的《さいしゅうてき》には、休戦協定《きゅうせんきょうてい》が調印《ちょういん》された。

〈注3〉【熱原《あつはら》の法難《ほうなん》】建治《けんじ》元年（一二七五年）ごろから弘安《こうあん》六年（一二八三年）ごろにわたって、駿河国《するがのくに》（現在《げんざい》の静岡県中央部《ちゅうおうぶ》）の熱原地域《あつはらちいき》で日蓮大聖人門下《もんか》が受《う》けた法難《ほうなん》。弘安《こうあん》二年（一二七九年）には農民信徒《のうみんしんと》二十人が不当逮捕《ふとうたいほ》され鎌倉《かまくら》に護送《ごそう》された。平左衛門尉頼綱《へいのさえもんのじょうよりつな》の厳《きび》しい取《と》り調《しら》べの中で信仰《しんこう》を捨《す》てるよう求《もと》められたが、一人も退転《たいてん》することなく、神四郎《じんしろう》ら三人が斬首《ざんしゅ》され殉教《じゅんきょう》した。

〈注4〉法華経勧持品第十三《かんじほんだい》に、「是《こ》の娑婆国《しゃばこく》の中《うち》は、人《ひと》に弊悪多《へあくおお》く、増上慢《ぞうじょうまん》を懐《いだ》き、功徳浅薄《くどくせんぱく》、瞋濁諂曲《しんじょくてんごく》にして、心《こころ》は不実《ふじつ》なるが故《ゆえ》に」(法華経四一二ページ)とある。

〈注5〉【地涌《じゆ》の菩薩《ぼさつ》】法華経従地涌出品第《じゅうじゆじゅっぽんだい》十五で、釈尊《しゃくそん》が滅後《めつご》における妙法弘通《ぐつう》を託《たく》すべき人々として呼《よ》び出《だ》した菩薩《ぼさつ》たち。大地《だいち》から涌出《ゆじゅつ》したので地涌《じゆ》の菩薩《ぼさつ》という。如来神力品第《にょらいじんりきほんだい》二十一で滅後悪世《めつごあくせ》における弘通《ぐつう》が、釈尊《しゃくそん》から地涌《じゆ》の菩薩《ぼさつ》の上首《じょうしゅ》・上行菩薩《じょうぎょうぼさつ》に託《たく》された。

〈注6〉【ロケッシュ・チャンドラ博士】一九二七年〜。インド文化国際《ぶんかこくさい》アカデミー理事長《りじちょう》。同《どう》アカデミーを創立《そうりつ》した父《ちち》は、インドの自由独立《じゆうどくりつ》の闘士《とうし》で、サンスクリットの世界的権威《せかいてきけんい》であるラグヴィラ博士。『シャタピタカ』の編纂《へんさん》に尽力《じんりょく》。本文の引用は、池田先生との対談集《たいだんしゅう》『東洋の哲学を語る』(『池田大作全集』第115巻所収)から。

〈注7〉「妙楽大師《みょうらくだいし》の云《いわ》く『豈中国《あにちゅうごく》(=インドのこと)に法《ほう》を失《うしな》いて之《これ》を四維《しい》に求《もと》むるに非《あら》ずや』等云云《とううんぬん》、天竺《てんじく》に仏法無《ぶっぽうな》き証文《しょうもん》なり漢土《かんど》に於《お》いて高宗皇帝《こうそうこうてい》の時北狄東京《ときほくてきとうけい》を領《りょう》して今《いま》に一百五十《いっぴゃくごじゅう》余年《よねん》仏法王法共《おうほうとも》に尽《つ》き了《おわ》んぬ」(御書五〇八ページ)

〈注8〉【無明《むみょう》】生命《せいめい》の根源的《こんげんてき》な無知《むち》。究極《きゅうきょく》の真実《しんじつ》を明《あ》かした妙法を信《しん》じられず理解《りかい》できない癡《おろ》かさ。また、その無知《むち》から起《お》こる暗《くら》い衝動《しょうどう》。

〈注9〉「此《こ》れを日蓮此《ここ》に大《おおい》に見《み》ながらいつわりをろかにして申《もう》さずば倶《とも》に堕地獄《だじごく》の者《もの》となって一《いち》分《ぶん》の科《とが》なき身《み》が十方《じっぽう》の大阿鼻獄《だいあびごく》を経《へ》めぐるべしいかでか身命《しんみょう》をすててよばわらざるべき」(御書五八七ページ)

〈注10〉【三障四魔《さんしょうしま》】仏道修行《ぶつどうしゅぎょう》を妨《さまた》げる三つの障《さわ》りと四つの魔《ま》のこと。三障《さんしょう》とは煩悩障《ぼんのうしょう》・業障《ごうしょう》・報障《ほうしょう》をいい、四魔《しま》とは陰魔《おんま》・煩悩魔《ぼんのうま》・死魔《しま》・天子魔《てんしま》をいう。

〈注11〉【三類の強敵《さんるいのごうてき》】釈尊滅後《しゃくそんめつご》の悪世《あくせ》で法華経を弘通《ぐつう》する人を迫害《はくがい》する三種類《しゅるい》の強敵《ごうてき》。①俗衆増上慢《ぞくしゅぞうじょうまん》（在家《ざいけ》の迫害者《はくがいしゃ》）②道門増上慢《どうもんぞうじょうまん》（出家《しゅっけ》の迫害者《はくがいしゃ》）③僭聖増上慢《せんしょうぞうじょうまん》（迫害《はくがい》の元凶《げんきょう》となる高僧《こうそう》）。

〈注12〉【不軽菩薩《ふきょうぼさつ》】法華経不軽品第二十《ふきょうほんだい》に説《と》かれる菩薩《ぼさつ》。釈尊《しゃくそん》の過去世《かこせ》の姿《すがた》で、威音王仏《いおんのうぶつ》の像法《ぞうほう》時代《じだい》の末《すえ》に、「私はあなたたちを敬《うやま》う。なぜなら、あなたたちは菩薩《ぼさつ》の修行《しゅぎょう》をすれば、仏《ほとけ》になるからです」と、万人を礼拝《らいはい》した。慢心《まんしん》の比丘《びく》（出家《しゅっけ》の男性《だんせい》）・比丘尼《びくに》（出家《しゅっけ》の女性《じょせい》）・優婆塞《うばそく》（在家《ざいけ》の男性《だんせい》）・優婆夷《うばい》（在家《ざいけ》の女性《じょせい》）の「上慢の四衆《じょうまんのししゅ》」から迫害《はくがい》を受《う》けたが、礼拝《らいはい》行《ぎょう》を貫《つらぬ》き通《とお》した。その修行《しゅぎょう》が因《いん》となって成仏《じょうぶつ》した。

〈注13〉【ペイジ博士】グレン・ヂューランド・ペイジ。一九二九年〜。アメリカの平和学者《へいわがくしゃ》。ハワイ大学名誉教授《きょうじゅ》。朝鮮戦争《ちょうせんせんそう》（韓国戦争《かんこくせんそう》）に従軍《じゅうぐん》したのち、プリンストン大学、ハーバード大学で学ぶ。ハワイ大学教授《きょうじゅ》を経《へ》て、一九九四年に地球非暴力《ちきゅうひぼうりょく》センター（現・グローバル・ノンキリング・センター）を創立《そうりつ》し、所長《しょちょう》に就任《しゅうにん》。池田先生と幾度《いくど》も会談《かいだん》している。

〈注14〉【発迹顕本《ほっしゃくけんぽん》】「迹《しゃく》を開いて本を顕《あらわ》す」と読み下す。宿業《しゅくごう》や苦悩《くのう》を抱《かか》えた凡夫《ぼんぷ》という迹《しゃく》（仮の姿）を開いて、凡夫《ぼんぷ》の身に、生命にそなわる本源的な、慈悲《じひ》と智慧《ちえ》にあふれる仏の境地《きょうち》

（本地）を顕すこと。日蓮大聖人にとって竜の口の法難が発迹顕本《ほっしゃくけんぽん》にあたる。

〈注15〉【ヘンダーソン博士】ヘイゼル・ヘンダーソン。一九三三年～。アメリカの未来学者《みらいがくしゃ》。環《かん》境問題《きょうもんだい》の市民運動《しみんうんどう》から出発《しゅっぱつ》し、世界《せかい》を舞台《ぶたい》に多彩《たさい》な平和運動《へいわうんどう》を展開《てんかい》。本文の引用は、池田先生との対談集『地球対談　輝く女性の世紀へ』（『池田大作全集』第114巻所収）から。

## 地涌《じゆ》──仏法中道《ちゅうどう》に立《た》ち人間讃歌《さんか》の誉《ほま》れの世紀《せいき》へ

「アポロ宇宙船《うちゅうせん》が月へ向《む》かう途中《とちゅう》、地球《ちきゅう》を撮《と》った写真《しゃしん》です」

人類初《じんるいはつ》の月面着陸《げつめんちゃくりく》を実現《じつげん》したNASA（米航空宇宙局《べいこうくううちゅうきょく》）のアポロ計画《けいかく》を理論的《りろんてき》に支《ささ》えた中心者《ちゅうしんしゃ》・ジャストロウ博士〈注1〉が、大きな一枚《まい》のカラーの写真《しゃしん》を贈《おく》ってくださいました（別掲）。

それは、一九六九年（昭和四十四年）、アポロ十一号《ごう》の飛行士《ひこうし》が撮《と》った、漆黒《しっこく》の宇宙空間《うちゅうくうかん》に浮《う》かぶ、みずみずしい地球《ちきゅう》の姿《すがた》です。海《うみ》は青く、雲《くも》は白く、輝《かがや》いています。

1993年9月、アメリカ創価大学ロサンゼルス・キャンパス（当時）での会見の折に、ジャストロウ博士から池田先生に贈られた地球の写真

## 宇宙《うちゅう》からは国境線《こっきょうせん》など見えない

宇宙《うちゅう》から見る地球《ちきゅう》には、国境線《こっきょうせん》などありません。この〝生命《せいめい》のオアシス〟の美《うつく》しき星《ほし》を見れば、人間と人間、民族《みんぞく》と民族《みんぞく》、国《くに》と国《くに》が相争《あいあらそ》う愚《おろ》かさにあらためて気付《きづ》いて、平和《へいわ》を願《ねが》う心《こころ》を深《ふか》くするのではないでしょうか。

仏法の宇宙観《うちゅうかん》も壮大《そうだい》です。無数《むすう》の三千大千世界《さんぜんだいせんせかい》〈注2〉が説《と》かれ、今日《こんにち》の銀河《ぎんが》や太陽系《たいようけい》の存在《そんざい》を彷彿《ほうふつ》とさせます。その中で私たちが住《す》む世界《せかい》は、「娑婆《しゃば》」とも「閻浮提《えんぶだい》」とも呼《よ》ばれます。

この「閻浮提《えんぶだい》」に法華経を流布《るふ》すると誓《ちか》って、大地から涌出《ゆじゅつ》したのが、地涌《じゆ》の菩薩《ぼさつ》です。

今まさしく、わが地涌《じゆ》の同志《どうし》たちは〝母《はは》なる地球《ちきゅう》〟を共通《きょうつう》の故郷《こきょう》として、仏法の人間主義《しゅぎ》の旗《はた》を掲《かか》げ、はつらつと行動《こうどう》しています。

「閻浮提広布《えんぶだい》」は現実《げんじつ》に進《すす》み、国境《こっきょう》や民族《みんぞく》、文化《ぶんか》、言語《げんご》の違《ちが》いを超《こ》えた「人間主義《しゅぎ》の哲学《てつがく》」が世界《せかい》に大きく広《ひろ》がっているのです。

「地球民族主義《ちきゅうみんぞくしゅぎ》」〈注3〉を提唱《ていしょう》された恩師《おんし》・戸田城聖《じょうせい》先生が、この星《ほし》を包《つつ》みゆく「地涌《じゆ》」の連帯《れんたい》の遠大《えんだい》な広《ひろ》がりをどれほど喜《よろこ》ばれていることでしょうか。

## 民衆《みんしゅう》の地球的大連帯《ちきゅうてきだいれんたい》を

創価学会の地涌《じゆ》の自覚《じかく》の原点《げんてん》は、戸田先生が戦時下《せんじか》の法難《ほうなん》の獄中《ごくちゅう》で、「我《われ》、地涌《じゆ》の菩薩《ぼさつ》なり」と、久遠《くおん》の大使命《だいしめい》を覚知《かくち》されたことにあります。世界《せかい》広布の新時代《しんじだい》を迎《むか》えるにあたり、私たちは今一度《いまいちど》、創価学会こそ「地涌《じゆ》の菩薩《ぼさつ》」の陣列《じんれつ》であり、広宣流布の誓願《せいがん》で結《むす》ばれた民衆《みんしゅう》の地球的大連帯《ちきゅうてきだいれんたい》であることを確認《かくにん》しておきたいと思《おも》います。

「永遠《えいえん》に民衆《みんしゅう》の側《がわ》に立つ」――これは、地涌《じゆ》の大地《だいち》から躍《おど》り出《で》た創価学会の原点《げんてん》です。

末法《まっぽう》の娑婆世界《しゃばせかい》に、人間讃歌《さんか》の菩薩道《ぼさつどう》を行《ぎょう》ずる民衆《みんしゅう》の登場《とうじょう》――それこそが、あの壮大《そうだい》にしてダイナミックな虚空会《こくうえ》〈注4〉における地涌出現《じゆしゅつげん》の劇《ドラマ》ではないでしょうか。

# 御義口伝《おんぎくでん》

**御文**

（御書七五一ジペー十二行目〜十六行目）

地涌《じゆ》の菩薩《ぼさつ》を本化《ほんげ》と云《い》えり本《ほん》とは過去久遠五百塵点《かこくおんごひゃくじんてん》よりの利益《りやく》として無始無終《むしむしゅう》の利益《りやく》なり、此《こ》の菩薩《ぼさつ》は本法所持《ほんぽうしょじ》の人《ひと》なり本法《ほんぽう》とは南無妙法蓮華経なり（中略）此《こ》の本法《ほんぽう》を受持《じゅじ》するは信《しん》の一字《いちじ》なり、元品《がんぽん》の無明《むみょう》を対治《たいじ》する利剣《りけん》は信《しん》の一字《いちじ》なり無《む》疑曰信《ぎわっしん》の釈之《しゃくこれ》を思《おも》ふ可《べ》し云云《うんぬん》

## 現代語訳

地涌《じゆ》の菩薩《ぼさつ》を本化《ほんげ》というのである。「本《ほん》」とは、久遠五百塵点劫《くおんごひゃくじんてんごう》の過去《かこ》からの利益《りやく》として無始無終《むしむしゅう》の利益《りやく》である。この地涌《じゆ》の菩薩《ぼさつ》は「本《ほん》法《ぽう》」（本源《ほんげん》の法《ほう》）を所持《しょじ》した人である。本法《ほんぽう》とは南無妙法蓮華経である。（中略）

この本法《ほんぽう》を受持《じゅじ》することは「信《しん》」の一字《いちじ》による。元品《がんぽん》の無明《むみょう》という生命《せいめい》の根源的迷《こんげんてきまよ》いを対治《たいじ》する利剣《りけん》は「信《しん》」の一字《いちじ》なのである。

「無疑曰信《むぎわっしん》（疑《うたが》い無《な》きを信《しん》と曰《い》う）」（『法華文句《ほっけもんぐ》』）という釈《しゃく》を、よくよく思《おも》うべきである。

## 久遠《くおん》から、すでに本法《ほんぽう》を所持《しょじ》

「御義口伝《おんぎくでん》」〈注5〉の「涌出品一箇《ゆじゅっぽんいっか》の大事《だいじ》」には、「今日蓮等《いまにちれんら》の類《たぐい》南無妙法蓮華経と唱《とな》え奉《たてまつ》る者《もの》は皆地涌《みなじゆ》の流類《るるい》なり」（御書七五一ジペー）と仰《おお》せです。この御文《ごもん》は、わが創価の同志《どうし》が皆《みな》、偉大《いだい》な使命《しめい》を持《も》った地涌《じゆ》の菩薩《ぼさつ》であることの大切《たいせつ》な文証《もんしょう》であります。

誰人《たれびと》であれ、大法弘通《だいほうぐつう》に立ち上がる人は、「地涌《じゆ》の流類《るるい》（仲間《なかま》）」です。久遠《くおん》の仏《ほとけ》と一体《いったい》であり、「無始無終《むしむしゅう》の利益《りやく》」に生きる菩薩《ぼさつ》です。

御文《ごもん》に、地涌《じゆ》の菩薩《ぼさつ》は「本法所持《ほんぽうしょじ》の人《ひと》」と仰《おお》せです。〝本源《ほんげん》の法《ほう》〟である南無妙法蓮華経の大法《だいほう》を生命《せいめい》に抱《だ》きしめて、苦悩渦巻《くのうずま》く娑婆世界《しゃばせかい》で、ただただ妙法流布《るふ》のために戦《たたか》い抜《ぬ》くと誓《ちか》った「真《まこと》の弟子《でし》」です〈注6〉。

地涌《じゆ》の菩薩《ぼさつ》は、久遠《くおん》の過去《かこ》から精進《しょうじん》して仏道《ぶつどう》に励《はげ》み、鍛《きた》え抜《ぬ》いてきたがゆえに〈注7〉、濁悪《じょくあく》の娑婆世界《しゃばせかい》の真《ま》っ只中《ただなか》にあっても、「蓮華《れんげ》の水《みず》に在《あ》るが如《ごと》く（＝

如蓮華在水《にょれんげざいすい》)」、三毒《さんどく》〈注8〉強盛《ごうじょう》の世《よ》をたくましく生きながら、無明《むみょう》の汚泥《おでい》に染《そ》まることがありません。

では、地涌《じゆ》の菩薩《ぼさつ》は何《なに》をもって根源《こんげん》の妙法を所持《しょじ》しているのか。それは「信《しん》」の一字《いちじ》です。無疑曰信《むぎわっしん》の信心をもって、わが生命《せいめい》から寸時《すんじ》も離《はな》さず固《かた》く受持《じゅじ》しているのです。

「元品《がんぽん》の無明《むみょう》を対治《たいじ》する利剣《りけん》は信《しん》の一字《いちじ》なり」――この一節《いっせつ》を心《こころ》に刻《きざ》みたい。信心の利剣《りけん》あればこそ、三障四魔《さんしょうしま》、三類《さんるい》の強敵《ごうてき》とのいかなる大闘争《だいとうそう》をも勝《か》ち越《こ》えていける。娑婆国土《しゃばこくど》に、生命尊厳《せいめいそんげん》の大法《だいほう》を弘《ひろ》める強靱《きょうじん》なる民衆《みんしゅう》の連帯《れんたい》を築《きず》きゆけるのです。

## 生命本源《せいめいほんげん》の真理《しんり》の世界《せかい》から出現《しゅつげん》

地涌《じゆ》の菩薩《ぼさつ》が出現《しゅつげん》する前《まえ》に住《じゅう》していた「下方《かほう》」とは、「法性之淵底玄宗之極地《ほっしょうのえんていげんしゅうのごくち》」(御書七五一ジペー)と言われる、生命本源《せいめいほんげん》の真理《しんり》の世界《せかい》です。あらゆるものを生《う》み出《だ》し、育《はぐく》みゆく、〝大地《だいち》の下《した》〟の豊穣《ほうじょう》な世界《せかい》の象徴《しょうちょう》であり、一切《いっさい》を下から支《ささ》えゆく、限《かぎ》りない力《ちから》の源泉《げんせん》です。

地涌《じゆ》の菩薩《ぼさつ》は、この万物《ばんぶつ》の根底《こんてい》から、ほとばしる勢《いきお》いで、偉大《いだい》な民衆《みんしゅう》として「巍巍堂堂《ぎぎどうどう》（堂々《どうどう》として威厳《いげん》のある姿《すがた》）」（御書二一一ジペー）と出現《しゅつげん》するのです。

御書には、「広宣流布《こうせんるふ》の時一閻浮提《ときいちえんぶだい》の一切衆生《いっさいしゅじょう》・法華経《ほけきょう》の行者《ぎょうじゃ》となるべきを涌出《ゆじゅつ》とは云《い》うなり」（御書八三四ジペー）とも仰《おお》せです。

不思議《ふしぎ》にも今《いま》この時《とき》、広布の大使命《だいしめい》に燃《も》えて世界中《せかいじゅう》に同時《どうじ》に涌出《ゆじゅつ》した師弟《してい》――これが、創価学会です。

## 荒海《あらうみ》を越《こ》える妙法の大船《たいせん》

学会が目指《めざ》すのは、草《くさ》の根《ね》の民衆運動《みんしゅううんどう》が平和《へいわ》な地球《ちきゅう》を支《ささ》える「柱《はしら》」となり、未来《みらい》を深《ふか》く洞察《どうさつ》し、希望《きぼう》を創《つく》りゆく「眼目《がんもく》」となり、一切衆生《いっさいしゅじょう》を乗《の》せる慈悲《じひ》の「大船《たいせん》」として世界《せかい》を結《むす》び、時代《じだい》の荒海《あらうみ》を越《こ》えて、人類《じんるい》の幸福《こうふく》と平和創造《へいわそうぞう》の歴《れき》史《し》を築《きず》くことです。

「一閻浮提広宣流布《いちえんぶだい》」という希望《きぼう》の大航海《だいこうかい》に〝歴史《れきし》を創《つく》るは　この船《ふね》たしか〟と躍《おど》り出《で》ていく、その大船《たいせん》の中心《ちゅうしん》に立っているのは、「中道一実《ちゅうどういちじつ》の帆柱《ほばしら》」です〈注9〉。

この譬喩《ひゆ》は、誠《まこと》に示唆深《しさぶか》いものです。

怒濤逆巻《どとうさかま》く海《うみ》も、耐《た》え抜《ぬ》けば、やがて穏《おだ》やかな海《うみ》に戻《もど》ります。波瀾万丈《はらんばんじょう》の人間の歴史《れきし》にも、不屈《ふくつ》の復元力《ふくげんりょく》を見ることができます。戦争《せんそう》や災害《さいがい》などの激動《げきどう》に翻弄《ほんろう》されても、たくましく生活《せいかつ》を復活《ふっかつ》し、復興《ふっこう》を成《な》し遂《と》げていく。そこに、民《みん》衆《しゅう》の強靱《きょうじん》な底力《そこぢから》があります。その根源《こんげん》たる「中道一実《ちゅうどういちじつ》」の帆柱《ほばしら》が厳然《げんぜん》と立っている限《かぎ》り、必《かなら》ず前進《ぜんしん》することができるのです。

## 創価学会は、仏法中道《ちゅうどう》の大道《だいどう》を歩《あゆ》む

創価学会は、永遠《えいえん》に「仏法中道《ちゅうどう》の大道《だいどう》」を歩《あゆ》み抜《ぬ》きます。それこそが、仏法の仏法たるゆえんであるからです。

釈尊《しゃくそん》は、自《みずか》ら正覚《しょうがく》を得《え》た歩《あゆ》みを振《ふ》り返《かえ》り、二つの極端《きょくたん》――快楽主義《かいらくしゅぎ》と苦行主義《くぎょうしゅぎ》を離《はな》れて、「中道《ちゅうどう》」を覚《さと》ったと語《かた》りました。

日蓮大聖人は、「一生成仏抄《いっしょうじょうぶつしょう》」で、「有無《うむ》の二《に》の語《ご》も及《およ》ばず有無《うむ》の二《に》の心《こころ》も及《およ》ばず有無《うむ》に非《あら》ずして而《しか》も有無《うむ》に偏《へん》して中道一実《ちゅうどういちじつ》の妙体《みょうたい》にして不思議《ふしぎ》なるを妙《みょう》とは名《なづ》くるなり」（御書三八四ページ）と「中道《ちゅうどう》」の本義《ほんぎ》を示《しめ》されています。

「中道《ちゅうどう》」とは、〝足《た》して二で割《わ》った真《ま》ん中《なか》〟などという中間主義《ちゅうかんしゅぎ》や折衷主義《せっちゅうしゅぎ》ではありません。本来《ほんらい》は、「道《みち》に中《あた》る」という意義《いぎ》であり、「正義《せいぎ》や道理《どうり》に適《かな》う」ものです。生命《せいめい》の全体観《ぜんたいかん》に立った生《い》き方《かた》ともいえます。

世《よ》の中《なか》には、有無《うむ》、善悪《ぜんあく》に限《かぎ》らず、さまざまな二分法《にぶんほう》があります。物質主義《ぶっしつしゅぎ》と精神主義《せいしんしゅぎ》。資本主義《しほんしゅぎ》と共産主義《きょうさんしゅぎ》の対立《たいりつ》。自国民《じこくみん》と外国人《がいこくじん》。多数者《たすうしゃ》と少数者《しょうすうしゃ》。自己《じこ》と他者《たしゃ》、等々《とうとう》。

実《じつ》は、これらの二分法《にぶんほう》への固執《こしゅう》には、一方《いっぽう》に偏《かたよ》り、他方《たほう》を切《き》り捨《す》てる傾向《けいこう》があります。

仏法の「中道《ちゅうどう》」の眼《まなこ》は全《まった》く違《ちが》います。どちらか一方《いっぽう》を切《き》り捨《す》て、犠牲《ぎせい》にする発想《はっそう》は持《も》ちえません。なぜならば、いずれの一方《いっぽう》にも、そこに「人間」がいるからです。真《しん》の仏法は円教《えんきょう》です。一切《いっさい》を生《い》かして新《あら》たな価値《かち》を創造《そうぞう》する生《い》き方《かた》が、「中道《ちゅうどう》の大道《だいどう》」なのです。

## どこまでも「民衆《みんしゅう》」が大原則《だいげんそく》に

先にも述《の》べたように、戸田先生は第二代会長に就任《しゅうにん》された当時《とうじ》、韓《かん》・朝鮮半《ちょうせんはん》島《とう》で打《う》ち続《つづ》いていた戦争《せんそう》の悲惨《ひさん》さに胸《むね》を痛《いた》め、「大白蓮華《だいびゃくれんげ》」に一編《いっぺん》の論文《ろんぶん》を発《はっ》表《ぴょう》されました（「朝鮮動乱《ちょうせんどうらん》と広宣流布」）。

その中で「夫《おっと》を失《うしな》い、妻《つま》をなくし、子を求《もと》め、親《おや》をさがす民衆《みんしゅう》が多《おお》くおりはしないかと嘆《なげ》くものである」と、戦争《せんそう》に引《ひ》き裂《さ》かれた庶民《しょみん》に深《ふか》く同苦《どうく》される先生でした。戦火《せんか》を交《まじ》える東西両陣営《とうざいりょうじんえい》の政策《せいさく》やイデオロギー（思想《しそう》）の是非《ぜひ》などを論《ろん》ずる前《まえ》に、ただただ苦悩《くのう》の民衆《みんしゅう》に心《こころ》を寄《よ》せられていたのです。

一九五七年（昭和三十二年）九月八日、横浜《よこはま》・三《み》ツ沢《ざわ》の競技場《きょうぎじょう》で戸田先生が青年部への「第一の遺訓《いくん》」として発表《はっぴょう》された、歴史的《れきしてき》な「原水爆禁止宣言《げんすいばくきんしせんげん》」もまた、「中道《ちゅうどう》」の智慧《ちえ》が輝《かがや》くものでした。

東西冷戦下《とうざいれいせんか》、それぞれの陣営《じんえい》が平然《へいぜん》と自《みずか》らの原水爆《げんすいばく》の正当性《せいとうせい》を主張《しゅちょう》していた時代《じだい》です。

戸田先生は、世界《せかい》の民衆《みんしゅう》の「生存権《せいぞんけん》」を脅《おびや》かす権力《けんりょく》の魔性《ましょう》に対《たい》して本質的《ほんしつてき》なメスを入れ、核兵器《かくへいき》とその使用《しよう》を是《ぜ》とする、東西いずれの陣営《じんえい》の思考《しこう》をも「絶対悪《ぜったいあく》」と喝破《かっぱ》されました。そして、平和《へいわ》を願《ねが》い、叫《さけ》ぶ民衆《みんしゅう》の連帯《れんたい》を拡大《かくだい》して、千波万波《せんぱばんぱ》をつくっていく以外《いがい》に根本的《こんぽんてき》な解決《かいけつ》の道《みち》はない、と見抜《みぬ》かれていたのです。

「中道《ちゅうどう》」とは、断《だん》じて安易《あんい》な選択《せんたく》の道《みち》ではない。智慧《ちえ》を尽《つ》くした最《もっと》も困難《こんなん》な道《みち》であり、精神《せいしん》の勇者《ゆうしゃ》が進《すす》む誉《ほま》れの大道《だいどう》なのです。

それは、あくまでも「民衆《みんしゅう》と共《とも》に」「民衆《みんしゅう》の中で」「民衆《みんしゅう》のために」という原《げん》則《そく》を貫《つらぬ》く中で生まれる智慧《ちえ》だからです。生命《せいめい》の尊厳性《そんげんせい》への確《かく》たる「信《しん》」に基《もと》づき、徹《てっ》して一人を大切《たいせつ》にし、民衆《みんしゅう》の大地《だいち》から断《だん》じて離《はな》れない生《い》き方《かた》です。したがって、仏法中道《ちゅうどう》は、生命《せいめい》の極理《ごくり》に則《のっと》り、全《すべ》てを調和《ちょうわ》させ、一切《いっさい》を蘇生《そせい》させる智慧《ちえ》を生《う》みます。ゆえに、本質的《ほんしつてき》に平和主義《へいわしゅぎ》です。性急《せいきゅう》さに駆《か》られた暴《ぼう》力的《りょくてき》な急進主義《きゅうしんしゅぎ》ではなく、どこまでも人間の尊極性《そんごくせい》を守《まも》り抜《ぬ》く堅実《けんじつ》な漸進主義《ぜんしんしゅぎ》であり、真実《しんじつ》の人間主義《しゅぎ》の哲理《てつり》なのです。

## 寂日房御書《じゃくにちぼうごしょ》

**御文**

（御書九〇三ページ三行目～六行目）

経《きょう》に云《いわ》く「日月《にちがつ》の光明《こうみょう》の能《よ》く諸《もろもろ》の幽冥《ゆうみょう》を除《のぞ》くが如《ごと》く斯《こ》の人《ひと》

世間《せけん》に行《ぎょう》じて能《よ》く衆生《しゅじょう》の闇《やみ》を滅《めっ》す」と此《こ》の文《もん》の心《こころ》よくよく案《あん》じさせ給《たま》へ、斯人行世間《しにんぎょうせけん》の五《いつつ》の文字《もじ》は上行菩薩《じょうぎょうぼさつ》・末法《まっぽう》の始《はじめ》の五百年《ごひゃくねん》に出現《しゅつげん》して南無妙法蓮華経の五字《ごじ》の光明《こうみょう》をさしいだし指出て無明煩悩《むみょうぼんのう》の闇《やみ》をてらすべしと云《い》う事《こと》なり、日蓮《にちれん》は此《こ》の上行《じょうぎょう》菩薩《ぼさつ》の御使《おんつかい》として日本国《にほんこく》の一切衆生《いっさいしゅじょう》に法華経《ほけきょう》をうけたもてと勧《すす》めしは是《これ》なり

## 現代語訳

法華経には、「日月《にちがつ》の光明《こうみょう》がよく諸《もろもろ》の幽冥《ゆうみょう》を除《のぞ》くように、この人は世間《せけん》の中に仏法を行《ぎょう》じて、よく衆生《しゅじょう》の闇《やみ》を滅《めっ》する」（如来神力品第21《にょらいじんりきほんだい》）とある。この文の「心《こころ》」をよくよく考《かんが》えなさい。

「斯人行世間《しにんぎょうせけん》（斯《こ》の人世間《ひとせけん》に行《ぎょう》じて）」の五つの文字《もじ》は、上行菩薩《じょうぎょうぼさつ》が末法《まっぽう》の初《はじ》めの五百年に出現《しゅつげん》して南無妙法蓮華経の五字の光明《こうみょう》をさしいだして、無明煩悩《むみょうぼんのう》の闇《やみ》を照《て》らすであろうということである。

日蓮がこの上行菩薩《じょうぎょうぼさつ》の御使《おんつか》いとして、日本国《にほんこく》の一切衆生《いっさいしゅじょう》に法華経を受《う》け持《たも》つようにと勧《すす》めてきたのは、この経文通《きょうもんどお》りの実践《じっせん》である。

## 現実《げんじつ》の「世間《せけん》」こそが活動《かつどう》の舞台《ぶたい》

「寂日房御書《じゃくにちぼうごしょ》」〈注10〉で示《しめ》された神力品《じんりきほん》の文は、大聖人御自身《ごじしん》が上行菩薩《じょうぎょうぼさつ》の使命《しめい》を持《も》った方《かた》であることの文証《もんしょう》となるものです。

特《とく》に、私たちが心《こころ》して拝《はい》したいのは、大聖人も強調《きょうちょう》されている「斯人行世《しにんぎょうせ》間《けん》」の五字です。地涌《じゆ》の菩薩《ぼさつ》が活動《かつどう》するのは、他《ほか》のどこでもない、「世間《せけん》」という現実世界《げんじつせかい》です。

この神力品《じんりきほん》を、創価の父《ちち》・牧口常三郎《つねさぶろう》先生は獄中《ごくちゅう》の尋問《じんもん》でも引《ひ》かれ、毅然《きぜん》と折伏《しゃくぶく》されていました。調書《ちょうしょ》にも留《とど》められております。

一般《いっぱん》に、仏法は「出世間《しゅっせけん》の法《ほう》」といわれます。無明煩悩《むみょうぼんのう》の闇《やみ》に覆《おお》われ、苦悩《くのう》に満《み》ちた現実社会《げんじつしゃかい》という「世間《せけん》」から離《はな》れるべきことを教《おし》えたからです。ところが、釈尊《しゃくそん》から滅後《めつご》の妙法弘通《ぐつう》を託《たく》された地涌《じゆ》のリーダーたる上行菩薩《じょうぎょうぼさつ》は、世《せ》間《けん》を離《はな》れるどころか、あえて「世間《せけん》に行《ぎょう》ずる」というのです。

「信心即生活《そくせいかつ》」「仏法即社会《そくしゃかい》」

「滅劫御書《げんこうごしょ》」には、次《つぎ》のように仰《おお》せです。

「智者《ちしゃ》とは世間《せけん》の法《ほう》より外《ほか》に仏法《ぶっぽう》を行《おこな》ず、世間《せけん》の治世《ちせい》の法《ほう》を能《よ》く能《よ》く心《こころ》へて候《そうろう》を智者《ちしゃ》とは申《もう》すなり」（御書一四六六ページ）

牧口先生の御書にも線《せん》が引《ひ》かれています。

民衆《みんしゅう》を幸福《こうふく》にする智慧《ちえ》が即《そく》、仏法です。仏法と世法《せほう》を分断《ぶんだん》し、一方《いっぽう》を切《き》り捨《す》てたり、下に見たりするのは、「中道《ちゅうどう》」ではありません。

現実生活《げんじつせいかつ》で直面《ちょくめん》する課題《かだい》に対《たい》して、御本尊に強盛《ごうじょう》に祈《いの》り、懸命《けんめい》に努力《どりょく》と工夫《くふう》を重《かさ》ねて取《と》り組《く》んでいく。厳《きび》しき現実社会《げんじつしゃかい》で信心を貫《つらぬ》き、広布に生《い》き抜《ぬ》いていく中で、必《かなら》ず仏《ほとけ》の智慧《ちえ》が湧《わ》いてくる。その挑戦《ちょうせん》を貫《つらぬ》く人が「信心即生活《そくせいかつ》」「仏法即社会《そくしゃかい》」の真《しん》の中道《ちゅうどう》の智者《ちしゃ》です。

「斯人行世間《しにんぎょうせけん》」の「行《ぎょう》」こそが急所《きゅうしょ》です。

現実世間《げんじつせけん》の中でこそ、「妙法蓮華経《みょうほうれんげきょう》の修行《しゅぎょう》」（御書七五一ジペー）がある。何一《なにひと》つ無駄《むだ》はなく、全《すべ》てが自身《じしん》の人間革命の修行《しゅぎょう》となるのです。

## 「人を救《すく》い　世《よ》を救《すく》うこと」が宗教《しゅうきょう》の意義《いぎ》

「仏法は生活法《せいかつほう》なり」と断言《だんげん》された牧口先生は、宗教《しゅうきょう》の「安心立命《あんしんりつめい》の境地《きょうち》」を、人間の現実生活《げんじつせいかつ》と社会生活《しゃかいせいかつ》に求《もと》められました。

「人を救《すく》い世《よ》を救《すく》うことを除《のぞ》いて宗教《しゅうきょう》の社会的存立《しゃかいてきそんりつ》の意義《いぎ》があろうか。人を救《すく》うことは利的価値《りてきかち》ではないか。世《よ》を救《すく》うことは道徳的価値《どうとくてきかち》ではないか」（『創価教育学体系《きょういくがくたいけい》』）と。

なんと力強《ちからづよ》い宣言《せんげん》ではありませんか。

わが恩師《おんし》も、「戸田大学」の講義《こうぎ》の折々《おりおり》に語《かた》られました。

「社会万般《しゃかいばんぱん》のことは無論《むろん》だが、全世界《ぜんせかい》の運命《うんめい》のなかに、自分《じぶん》というものを置《お》いて、そこからすべての発想《はっそう》をすることが、必要《ひつよう》な時《とき》になっている」

## トインビー博士から託《たく》された中道主義《ちゅうどうしゅぎ》の行動《こうどう》

大歴史家《だいれきしか》のトインビー博士〈注11〉から対談《たいだん》を要請《ようせい》する手紙《てがみ》をいただいたのは、半世紀《はんせいき》も前の一九六九年（昭和四十四年）のことでした。

三年後（一九七二年）、私がロンドン郊外《こうがい》の博士のご自宅を訪《たず》ねて実現《じつげん》した「二十一世紀《せいき》への対話《たいわ》」の波動《はどう》は、世界《せかい》に広がりました。博士も喜《よろこ》んでくださっていると思《おも》います。

博士が大事《だいじ》にされていた箴言《しんげん》があります。

「私は人間だ。だから人間にかかわることは何一《なにひと》つ私にとって無縁《むえん》とは思《おも》われぬ」

博士は、あらゆる人間の事象《じしょう》を、〝自分《じぶん》には関係《かんけい》ない〟と切《き》り捨《す》てたり、無視《むし》したりせず、〝我《わ》が事《こと》〟として誠実《せいじつ》に向《む》き合《あ》われた。だからこそ、いわゆる西洋文明中心主義《せいようぶんめいちゅうしんしゅぎ》も超克《ちょうこく》して、地球上《ちきゅうじょう》のあらゆる文明《ぶんめい》の盛衰《せいすい》を公平《こうへい》な眼《まなこ》で見つめ、「窮極《きゅうきょく》において歴史《れきし》を作《つく》る」「水底《みなそこ》のゆるやかな動《うご》き」――民衆《みんしゅう》や思想《しそう》の巨大《きょだい》な力《ちから》をも捉《とら》えられていたのでありましょう。

二年越《ご》しの対話《たいわ》の最後《さいご》に、トインビー博士は、「中道《ちゅうどう》こそ、今後《こんご》、あなたが進《すす》むべき道《みち》なのです」と励《はげ》ましてくださいました。このエピソードは、SGI発足《ほっそく》の折《おり》にも、代表《だいひょう》の皆《みな》さんに紹介《しょうかい》しました。さらに博士は、〝対話《たいわ》の旋風《せんぷう》〟を起《お》こせと期待《きたい》されたのです。

「私は、対話《たいわ》こそが、世界《せかい》の諸文明《しょぶんめい》、諸民族《しょみんぞく》、諸宗教《しょしゅうきょう》の融和《ゆうわ》に、極《きわ》めて大きな役割《やくわり》を果《は》たすものと思《おも》います。人類全体《じんるいぜんたい》を結束《けっそく》させていくために、若《わか》いあなたは、このような対話《たいわ》を、さらに広《ひろ》げていってください。ロシア人とも、アメリカ人とも、中国人とも……」

混迷《こんめい》の世界《せかい》に、「中道《ちゅうどう》」の智慧《ちえ》をもって対話《たいわ》の渦《うず》を起《お》こし、調和《ちょうわ》と共生《きょうせい》の道《みち》を広《ひろ》げゆくことを、託《たく》してくださったのです。

「そこに人間がいるからです」

私は、行動《こうどう》でお応《こた》えしました。

アメリカ、中国とソ連（現・ロシア）を相次《あいつ》いで訪問《ほうもん》しました。当時《とうじ》、東西《とうざい》冷戦《れいせん》の不信《ふしん》と分断《ぶんだん》の氷壁《ひょうへき》は厚《あつ》く、中ソ間《かん》もまた激《はげ》しく対立《たいりつ》していた渦中《かちゅう》です。

中国に出発《しゅっぱつ》する際《さい》、見送《みおく》りに来《き》てくださった方々《かたがた》に、私は申《もう》し上《あ》げました。

「貧乏人《びんぼうにん》と病人《びょうにん》と言《い》われた人たちとともに、私はここまでやってきました。

――権力《けんりょく》にもよらず。財力《ざいりょく》にもよらず」と。

創価学会は民衆学会《みんしゅうがっかい》です。たとえイデオロギーや国家体制《こっかたいせい》の違《ちが》いがあろうとも、「民衆《みんしゅう》」という大地《だいち》に根《ね》ざせば、必《かなら》ず友好《ゆうこう》の橋《はし》は架《か》けていけると確信《かくしん》していたのです。

ソ連を訪《おとず》れる前《まえ》には、「なぜ、宗教否定《しゅうきょうひてい》の国《くに》に行《い》くのか」との批判《ひはん》に、私は間髪《かんはつ》を容《い》れず応《おう》じました。

「そこに、人間がいるからです。人間に会《あ》いに私は行《い》くのです」と。

人間がそこにいる限《かぎ》り、同《おな》じ地球《ちきゅう》に生《せい》を営《いとな》む仲間《なかま》がそこにいる限《かぎ》り、全《すべ》てのことに断《だん》じて無縁《むえん》ではないのです。そうやって、国家《こっか》や体制《たいせい》の壁《かべ》や価値観《かちかん》の違《ちが》いを超《こ》え、信仰《しんこう》を持《も》っている、いないにかかわらず、あらゆる人と地球民族《ちきゅうみんぞく》として友情《ゆうじょう》を結《むす》び、世界市民《せかいしみん》の信頼《しんらい》を広《ひろ》げてきました。

創価学会は、万人《ばんにん》の生命《せいめい》に尊極無上《そんごくむじょう》の価値《かち》を見て、どこまでも一人を大切《たいせつ》にする人間主義《しゅぎ》の旗《はた》を掲《かか》げて進《すす》んできました。そして、その帰結《きけつ》として、文化《ぶんか》・

平和《へいわ》・教育《きょういく》の連帯《れんたい》で世界《せかい》を結《むす》ぶ運動《うんどう》を展開《てんかい》しているのです。

今《いま》こそ、私たちは、この〝母《はは》なる地球《ちきゅう》〟を、生命尊厳《せいめいそんげん》と人間尊敬《そんけい》という精神《せいしん》の宝《たから》で、いやまして輝《かがや》かせていきたい。多様《たよう》な生命《せいめい》が「共生《きょうせい》のハーモニー」を奏《かな》でる「調和《ちょうわ》の地球《ほし》」を、誰《だれ》もが平和《へいわ》と幸福《こうふく》を満喫《まんきつ》できる「人間凱歌《がいか》の地球《ほし》」を護《まも》り育《はぐく》んでいきたい。

## 待《ま》っている一人の友《とも》のもとへ！

創価学会は、一人一人が「誰《だれ》かのために希望《きぼう》の光《ひかり》を灯《とも》す存在《そんざい》になる」という誓《ちか》いを立《た》てて築《きず》かれた民衆《みんしゅう》の大城《だいじょう》です。

「自《みずか》らの人間革命を通《とお》して自他共《じたとも》の幸福《こうふく》を広《ひろ》げることができる」という信念《しんねん》で協働《きょうどう》する民衆《みんしゅう》の連帯《れんたい》です。

この「寂日房御書《じゃくにちぼうごしょ》」で、大聖人は、「かかる者《もの》の弟子檀那《でしだんな》とならん人人《ひとびと》は宿縁《しゅくえん》ふかしと思《おも》うて日蓮と同《おな》じく法華経《ほけきょう》を弘《ひろ》むべきなり」（御書九〇三ページ）と呼《よ》びかけられました。
あらゆる壁《かべ》を越《こ》え、待《ま》っている一人の友《とも》のもとへ！　師弟《してい》の宿縁《しゅくえん》に生きる歓《よろこ》びを胸《むね》に、民衆《みんしゅう》の中へ！　「太陽の仏法」を抱《いだ》いて、人間の中へ！

**地球平和《ちきゅうへいわ》へ新《あら》たな船出《ふなで》を！**

さあ、敬愛《けいあい》する二十一世紀《せいき》の地涌《じゆ》の菩薩《ぼさつ》よ！　偉大《いだい》なる創価の同志《どうし》よ！　一閻浮提広布《いちえんぶだい》──地球平和《ちきゅうへいわ》へ、本格的《ほんかくてき》な世界宗教《せかいしゅうきょう》として大《おお》きく飛翔《ひしょう》する新《あら》たな船《ふな》出《で》の銅鑼《どら》は鳴《な》りました。
我《われ》らはこれまで以上《いじょう》に、異体同心《いたいどうしん》のスクラムを固《かた》く組《く》みながら、共《とも》に励《はげ》まし、共々《ともども》に前進《ぜんしん》していこう。

## ［注　解］

〈注1〉【ジャストロウ博士】一九二五年〜二〇〇八年。アメリカの物理学者《ぶつりがくしゃ》。一九五八年、NASAゴダード宇宙研究所《うちゅうけんきゅうじょ》を創立《そうりつ》、アポロ計画《けいかく》の中心者《ちゅうしんしゃ》の一人として貢献《こうけん》。九一年、ウィルソン山天文台《さんてんもんだい》の所長《しょちょう》に。博士から同天文台《どうてんもんだい》と創価学園《がくえん》を結《むす》ぶ教育《きょういく》プログラムの提案《ていあん》があった。

〈注2〉【三千大千世界《さんぜんだいせんせかい》】古代《こだい》インドの世界観《せかいかん》・宇宙観《うちゅうかん》に基《もと》づく仏教《ぶっきょう》の世界観《せかいかん》。須弥山《しゅみせん》を中心《ちゅうしん》とした小世界《しょうせかい》が千集《せんあつ》まったものを小千世界《しょうせんせかい》、小千世界《しょうせんせかい》が千集《せんあつ》まったものを中千世界《ちゅうせんせかい》、さらに中《ちゅう》千世界《せんせかい》が千集《せんあつ》まったものを大千世界《だいせんせかい》と呼《よ》び、これらを総称《そうしょう》して三千大千世界《さんぜんだいせんせかい》という。

〈注3〉【地球民族主義《ちきゅうみんぞくしゅぎ》】戸田先生が、世界《せかい》の恒久平和実現《こうきゅうへいわじつげん》のための思想基盤《しそうきばん》として提唱《ていしょう》した理《り》念《ねん》。地球上《ちきゅうじょう》の全人類《ぜんじんるい》が、一つの民族《みんぞく》である、との自覚《じかく》を持《も》つべきであるとした。

〈注4〉【虚空会《こくうえ》】法華経の見宝塔品第《けんほうとうほんだい》十一から嘱累品第《ぞくるいほんだい》二十二までの説法《せっぽう》の会座《えざ》は、仏《ほとけ》と全聴衆《ぜんちょうしゅう》が虚空《こくう》のなかで行《おこな》われた。このことを「虚空会《こくうえ》の儀式《ぎしき》」という。見宝塔品第《けんほうとうほんだい》十一で宝塔《ほうとう》が出現《しゅつげん》した後《のち》、従地涌出品第《じゅうじゆじゅっぽんだい》十五で地涌《じゆ》の菩薩《ぼさつ》が大地《だいち》の底《そこ》から召《め》しいだされ、如来神力品第《にょらいじんりきほんだい》二十一で上首《じょうしゅ》・上行菩薩《じょうぎょうぼさつ》をはじめとする地涌《じゆ》の菩薩《ぼさつ》に、滅後《めつご》の弘教《ぐきょう》が付嘱《ふぞく》された。

〈注5〉【御義口伝《おんぎくでん》】日蓮大聖人が、身延《みのぶ》で法華経の要文《ようもん》を講義《こうぎ》され、それを日興上人《にっこうしょうにん》が筆録《ひつろく》したと伝《つた》えられている。上下二巻《かん》からなる。

〈注6〉「新尼御前御返事《にいあまごぜんごへんじ》」に「我五百塵点劫《われごひゃくじんてんごう》より大地《だいち》の底《そこ》にかくしをきたる真《まこと》の弟子《でし》あり・此《こ》れにゆづるべし」（御書九〇五ジ《ペー》）と仰《おお》せである。

〈注7〉「四条金吾殿御返事《しじょうきんごどのごへんじ》（石虎将軍御書《せっこしょうぐんごしょ》）」に、「地涌《じゆ》の菩薩《ぼさつ》に譲《ゆず》り給《たま》へり、されば能《よ》く能《よ》く心《こころ》をきたは《鍛》せ給《たも》うにや」（御書一一八六ジ《ペー》）と仰《おお》せである。

〈注8〉【三毒《さんどく》】最《もっと》も根源的《こんげんてき》な煩悩《ぼんのう》である、貪瞋癡《とんじんち》（貪《むさぼ》り、瞋《いか》り、癡《おろ》か）のこと。

〈注9〉「椎地四郎殿御書《しいじしろうどのごしょ》」には、「中道一実《ちゅうどういちじつ》のほばしら《帆柱》」に、「界如三千《かいにょさんぜん》の帆《ほ》」を揚《あ》げて、一切衆生《いっさいしゅじょう》を乗《の》せて生死《しょうじ》の大海《たいかい》を渡《わた》る法華経の船《ふね》の譬喩《ひゆ》が説《と》かれている（御書一四四八ジ《ペー》）。

〈注10〉【寂日房御書《じゃくにちぼうごしょ》】弘安《こうあん》二年（一二七九年）、大聖人の弟子《でし》である寂日房日家《じゃくにちぼうにっけ》を介《かい》して、安房《あわ》在住《ざいじゅう》と推定《すいてい》されるある門下《もんか》に与《あた》えられた御消息《ごしょうそく》。

〈注11〉【トインビー博士】アーノルド・J・トインビー。一八八九年〜一九七五年。イギリスの歴史学者《れきしがくしゃ》・文明史家《ぶんめいしか》。ロンドン大学、王立国際問題研究所《こくさいもんだいけんきゅうじょ》の要職《ようしょく》を歴任《れきにん》。代表作《だいひょうさく》『歴史の研究』は各界《かっかい》に大きな影響《えいきょう》を与《あた》えた。池田先生との対談《たいだん》『二十一世紀への対話』は、『池田大作全集』第3巻所収《しょしゅう》。引用《いんよう》の言葉《ことば》は、箴言《しんげん》（＝古代《こだい》ローマの劇作家《げきさっか》テレンティウス）が山口光朔・増田英夫訳『回想録Ⅰ』（オックスフォード大学出版局）、次《つぎ》の「窮極《きゅうきょく》に……」が深瀬基寛訳『試練に立つ文明』（社会思想社）から。

# 幸福——生命《せいめい》の羅針盤《らしんばん》持《も》つ大歓喜《だいかんき》と大満足《だいまんぞく》の人生

初代会長・牧口常三郎《つねさぶろう》先生は語《かた》られました。

「人生の一番大事《いちばんだいじ》なことは、目的観《もくてきかん》がはっきりしなければならないことである。それは、信仰《しんこう》によるにあらざれば、確立《かくりつ》がされないのである」

真《しん》の幸福《こうふく》を見失《みうしな》い、人生の荒波《あらなみ》に翻弄《ほんろう》される生《い》き方《かた》への警鐘《けいしょう》です。

さらに先生は、「自己《じこ》を空《くう》にせよということは嘘《うそ》である。自分《じぶん》もみんなも共《とも》に幸福《こうふく》になろうというのが本当《ほんとう》である」とも喝破《かっぱ》されました。滅私奉公《めっしほうこう》という軍国主義《ぐんこくしゅぎ》の価値観《かちかん》が色濃《いろこ》い時代《じだい》にあって、人間が〝自己《じこ》を空《くう》に〟して犠牲《ぎせい》になる悪弊《あくへい》を戒《いまし》められたのです。

牧口先生が強調《きょうちょう》されていた、究極《きゅうきょく》の目的《もくてき》。それは、「自分《じぶん》もみんなも共《とも》に幸《こう》福《ふく》になろう」――すなわち、自分《じぶん》だけの幸福《こうふく》でもなく、他人《たにん》だけの幸福《こうふく》でもない。「自他共《じたとも》に」という仏法の幸福観《こうふくかん》です。

## 何《なん》のための人生なのか?

何《なん》のために生まれてきたのか?

何《なん》のための人生なのか?

――この人間にとっての至高《しこう》の問《と》いかけに、明快《めいかい》に答《こた》えていくのが、宗教《しゅうきょう》の役割《やくわり》です。

仏法は、人生の大海《たいかい》にあって、〝いかに生きるべきか〟を指《さ》し示《しめ》す、生命《せいめい》の羅針盤《らしんばん》です。

自他共《じたとも》の幸福《こうふく》の実現《じつげん》を目指《めざ》す「人生観《じんせいかん》」

常楽我浄《じょうらくがじょう》〈注1〉の永遠《えいえん》の境地《きょうち》を明《あ》かす「生命観《せいめいかん》」

共生《きょうせい》と平和《へいわ》の立正安国《りっしょうあんこく》〈注2〉の「社会観《しゃかいかん》」

宇宙大《うちゅうだい》の可能性《かのうせい》を開《ひら》く一念三千《いちねんさんぜん》〈注3〉の「自分観《じぶんかん》」

平等《びょうどう》で個性輝《こせいかがや》く桜梅桃李《おうばいとうり》〈注4〉の「人間観《にんげんかん》」など——

仏法の智慧《ちえ》は、私たちの境涯《きょうがい》をどこまでも深《ふか》め、豊《ゆた》かにしていきます。

そして結論《けつろん》すれば、地涌《じゆ》の師弟《してい》の誓願《せいがん》を貫《つらぬ》く生《い》き方《かた》こそが、自身《じしん》が〝いずこより来《きた》り、いずこへ至《いた》るのか〟との根源《こんげん》の問《と》いに対《たい》しての真実《しんじつ》の答《こた》えとなるのです。

ここでは、確固《かっこ》たる自分自身《じぶんじしん》を築《きず》きあげる、仏法の人間革命の哲理《てつり》を学びましょう。

# 四条金吾殿御返事《しじょうきんごどのごへんじ》

## 御文

（御書一一四三ページ一行目～四行目）

一切衆生《いっさいしゅじょう》・南無妙法蓮華経と唱《とな》うるより外《ほか》の遊楽《ゆうらく》なきなり経《きょう》に云《いわ》く「衆生所遊楽《しゅじょうしょゆうらく》」云云《うんぬん》、此《こ》の文《もん》・あに自受法楽《じじゅほうらく》にあらずや、衆生《しゅじょう》のうちに貴殿《きでん》もれ給《たも》うべきや、所《しょ》とは一閻浮提《いちえんぶだい》なり日本国《にほんこく》は閻浮提《えんぶだい》の内《うち》なり、遊楽《ゆうらく》とは我等《われら》が色心依正《しきしんえしょう》ともに一念三千《いちねんさんぜん》・自受用身《じじゅゆうしん》の仏《ほとけ》にあらずや、法華経《ほけきょう》を持《たも》ち奉《たてまつ》るより外《ほか》に遊楽《ゆうらく》はなし現世安穏《げんぜあんのん》・後生善処《ごしょうぜんしょ》とは是《これ》なり

## 現代語訳

一切衆生《いっさいしゅじょう》にとって、南無妙法蓮華経と唱《とな》える以外《いがい》の遊楽《ゆうらく》はありません。

（法華経如来寿量品第十六《にょらいじゅりょうほんだい》の）経文《きょうもん》に「（仏《ほとけ》の住《す》むこの娑婆世界《しゃばせかい》は）衆生《しゅじょう》の遊楽《ゆうらく》する所《ところ》である」とあります。

この文《もん》こそ、自受法楽《じじゅほうらく》を表《あらわ》す文《もん》ではありませんか。「衆生《しゅじょう》」の内《うち》にあなたが入《はい》っていないことがあるでしょうか。

「所《ところ》」とは一閻浮提《いちえんぶだい》です。日本国《にほんこく》はその閻浮提《えんぶだい》の内《うち》です。「遊楽《ゆうらく》」とは、私たちの色法《しきほう》（物質的《ぶっしつてき》・肉体的側面《にくたいてきそくめん》）も心法《しんぽう》（精神的側面《せいしんてきそくめん》）も、依報《えほう》（環境《かんきょう》）も正報《しょうほう》（主体《しゅたい》）も、ともに一念三千《いちねんさんぜん》であり、自受用身《じじゅゆうしん》の仏《ほとけ》ではありませんか。

法華経を持《たも》ち奉《たてまつ》る以外《いがい》に遊楽《ゆうらく》はありません。（法華経薬草喩品第五《やくそうゆほんだい》に言《い》う）「現世《げんぜ》は安穏《あんのん》にして、後《のち》に善《よ》き処《ところ》に生《う》まれん」とはこのことです。

## 生きていること自体《じたい》が楽《たの》しい

「四条金吾殿御返事《しじょうきんごどのごへんじ》」〈注5〉の一節《いっせつ》です。

恩師《おんし》・戸田城聖《じょうせい》先生は、人生の目的《もくてき》を端的《たんてき》に言《い》われました。

「われわれは何《なん》のために生まれてきたのか。衆生所遊楽《しゅじょうしょゆうらく》〈注6〉とて、遊《あそ》びにきたのである。楽《たの》しまないのはかわいそうではないか。真《しん》の信心の頂点《ちょうてん》は、生きていること、それじたいが楽《たの》しいのでなければならぬ」

〝人間は、幸福《こうふく》になるために生まれてきた。必《かなら》ずそうなれるのだ〟との大確《だいかく》信《しん》の指導《しどう》が、塗炭《とたん》の苦《くる》しみにあえいでいた民衆《みんしゅう》の心《こころ》に、どれほど希望《きぼう》の光《ひかり》を、ともしたことか。

この「衆生所遊楽《しゅじょうしょゆうらく》」の人生を万人《ばんにん》が実現《じつげん》できるのが、南無妙法蓮華経の唱題《しょうだい》行《ぎょう》です。

誰《だれ》しも困難《こんなん》や悩《なや》みはつきものです。何《なん》の苦《くる》しみもない人生など、ありません。苦悩のない人はいません。

しかし、恩師《おんし》はよく、「おしるこに少量《しょうりょう》の塩《しお》を加《くわ》えて甘《あま》みを増《ま》すごとく、苦《くる》しみがあるから楽《たの》しめる」と言《い》われていた。

悩《なや》みをも楽《たの》しみに変《か》え、どこまでも心広々《こころひろびろ》と価値創造《かちそうぞう》の人生を歩《あゆ》むのが仏法者です。

まさに、「いかなる処《ところ》にて遊《あそ》びたはぶるとも・つつが《恙》あるべからず遊行《ゆぎょう》して畏《おそ》れ無《な》きこと師子王《ししおう》の如《ごと》くなるべし」（御書一一二四㌻）と仰《おお》せの通《とお》りです。

仏《ほとけ》の生命力《せいめいりょく》を出《いだ》せば、無敵《むてき》です。師子奮迅《ししふんじん》の力用《りきゆう》を発揮《はっき》すれば、何《なに》ものにも敗《やぶ》れることはない。すべてを楽《たの》しむことができる。

私たちの祈《いの》りとは、悩《なや》みや苦《くる》しみと真正面《ましょうめん》から向《む》き合《あ》う力《ちから》にほかなりません。妙法を持《たも》つ私たちは、困難《こんなん》に挑《いど》み、勝《か》ち越《こ》えゆく、師子王《ししおう》の心《こころ》を取《と》り出《いだ》すことができるからです。

ゆえに、「一切衆生《いっさいしゅじょう》・南無妙法蓮華経と唱《とな》うるより外《ほか》の遊楽《ゆうらく》なきなり」と、いかなる時《とき》も、朗々《ろうろう》と題目を唱《とな》え、祈《いの》ることができる以上《いじょう》の遊楽《ゆうらく》はないと教《おし》えられているのです。

## 自分自身《じぶんじしん》が、わが人生の主人公《しゅじんこう》に

わが人生を決《けっ》するのは自分自身《じぶんじしん》です。自《みずか》らが勝利劇《しょうりげき》の主人公《しゅじんこう》なのです。

そのことを、日蓮大聖人は「自受法楽《じじゅほうらく》」〈注7〉と明《あ》かされています。

「法楽《ほうらく》」によって私たちは、生きていることそれ自体《じたい》が楽《たの》しいという境涯《きょうがい》を獲得《かくとく》することができます。富《とみ》や名声《めいせい》などで得《え》た「欲楽《よくらく》」は一時的《いちじてき》なもので、いつしか消《き》えてしまうものです。生命《せいめい》の中から泉《いずみ》のごとく湧《わ》き出《い》でる「法楽《ほうらく》」こそ、永遠《えいえん》に崩《くず》れることのない真《しん》の喜《よろこ》びの境涯《きょうがい》です。なにものにも壊《こわ》されない、尽《つ》きることのない法楽《ほうらく》の境涯《きょうがい》こそ、絶対的幸福《ぜったいてきこうふく》そのものなのです。

妙法を持《たも》つ私たちは、この絶対的《ぜったいてき》な境涯《きょうがい》を「自受《じじゅ》」、つまり、自《みずか》ら受《う》けることができます。自分自身《じぶんじしん》の手で、幸福《こうふく》をつかむことができるのです。

さらに「遊楽《ゆうらく》とは我等《われら》が色心依正《しきしんえしょう》ともに一念三千《いちねんさんぜん》・自受用身《じじゅゆうしん》の仏《ほとけ》にあらずや」と仰《おお》せです。自身《じしん》の生命《せいめい》の変革《へんかく》が、現実《げんじつ》の世界《せかい》をも変《か》えていくのです。

## “あなたのことに、ほかならない！”

人は何《なに》かあると、自分《じぶん》の置《お》かれている境遇《きょうぐう》は、誰《だれ》にも分《わ》かってもらえない、自分《じぶん》しかこの苦《くる》しみは分《わ》からないと、心《こころ》を閉《と》ざしてしまいがちです。自分《じぶん》で自《じ》分《ぶん》を苦悩《くのう》の殻《から》に閉《と》じこめてしまうのです。

この御書をいただいた四条金吾《しじょうきんご》は、当時《とうじ》、同僚《どうりょう》らの讒言《ざんげん》により、主君《しゅくん》の江間《えま》氏《し》から遠《とお》ざけられていました。それが数年間も続《つづ》いたのです。悔《くや》しさや、もどかしさで、いっぱいだったことでしょう。

幸福《こうふく》の敵《てき》は、自己《じこ》を卑下《ひげ》する心《こころ》です。困難《こんなん》に打《う》ちのめされ、挑戦《ちょうせん》せずして、あきらめてしまえば、そこから不幸《ふこう》の連鎖《れんさ》が始《はじ》まってしまうのです。

大聖人は金吾《きんご》に「貴殿《きでん》もれ給《たも》うべきや」と、「衆生所遊楽《しゅじょうしょゆうらく》」の功徳《くどく》から、あなたが除外《じょがい》されるはずがない、この功徳《くどく》を受《う》けるのは、あなた自身《じしん》なのですよと、力強《ちからづよ》く励《はげ》まされました。

仏法を学ぶといっても、自分自身《じぶんじしん》のことと捉《とら》えなければ、観念《かんねん》に終《お》わってしまう。自分《じぶん》には関係《かんけい》ないと思《おも》えば、「己心《こしん》の外《ほか》」に法《ほう》を求《もと》めることになる。結局《けっきょく》、不幸《ふこう》への流転《るてん》を止《と》めることはできない。この〝負《ふ》の連続《れんぞく》〟を断《た》ち切《き》る利剣《りけん》が、妙法です。題目です。信心の一念《いちねん》によって、不幸《ふこう》から幸福《こうふく》へと大転換《だいてんかん》を起《お》こしていくことができるのです。

## 「苦楽《くらく》ともに思《おも》い合《あわ》せて」との精神《せいしん》

大聖人は、金吾《きんご》に「ただ世間《せけん》の留難《るなん》来《きた》るとも・とりあへ給《たも》うべからず、賢《けん》人《じん》・聖人《しょうにん》も此《こ》の事《こと》はのがれず」（御書一一四三ページ）とも仰《おお》せです。

大事《だいじ》なことは、一喜《いっき》一憂《いちゆう》しないことです。「苦難《くなん》そのものが不幸《ふこう》」という固《こ》定観念《ていかんねん》を打《う》ち破《やぶ》ることです。大聖人は、〝どんな時《とき》も妙法を唱《とな》え、泰然自若《たいぜんじじゃく》としていきなさい〟と教《おし》えられているのです。

現世安穏《げんぜあんのん》・後生善処《ごしょうぜんしょ》〈注8〉が、法華経が説《と》く妙法の功徳《くどく》です。安穏《あんのん》とは、決《けっ》して悩《なや》みや苦《くる》しみなど、人生の波乱《はらん》がないことではありません。何《なに》があっても信心一筋《ひとすじ》に生《い》き抜《ぬ》き、師子王《ししおう》のごとく勇敢《ゆうかん》に戦《たたか》い勝《か》っていくことです。

「苦《く》をば苦《く》とさとり楽《らく》をば楽《らく》とひらき苦楽《くらく》ともに思《おも》い合《あわ》せて南無妙法蓮華経とうちとなへ《唱》ゐ《居》させ給《たま》へ」（御書一一四三ジペー）です。

いかなる時《とき》も題目を唱《とな》え抜《ぬ》いていくこと自体《じたい》が、「自受法楽《じじゅほうらく》」の境涯《きょうがい》です。

ですから、大聖人は金吾《きんご》に、「いよいよ強盛《ごうじょう》の信力《しんりき》をいたし《致》給《たま》へ」（同）と言《い》い切《き》られているのです。

つらい時《とき》も、苦《くる》しい時《とき》も、四条金吾《しじょうきんご》夫妻《ふさい》は大聖人のお手紙《てがみ》を拝《はい》し、強盛《ごうじょう》の信心で、自分《じぶん》の置《お》かれている状況《じょうきょう》を悠々《ゆうゆう》と見下ろしながら、師弟一体《していいったい》で戦《たたか》い、そして見事《みごと》に勝利《しょうり》の実証《じっしょう》を勝《か》ち取《と》りました。

# 上野殿後家尼御返事《うえのどのごけあまごへんじ》

## 御文

（御書一五〇四ページ九行目～一五〇五ページ八行目）

夫《そ》れ浄土《じょうど》と云《い》うも地獄《じごく》と云《い》うも外《ほか》には候《そうら》はず・ただ我等《われら》がむね《胸》の間《あいだ》にあり、これをさとる《悟》を仏《ほとけ》といふ・これにまよふ《迷》を凡夫《ぼんぷ》と云《い》う、これをさとる《悟》は法華経《ほけきょう》なり、もし《若》しからば法華《ほけ》経《きょう》をたもち《持》たてまつるものは地獄即寂光《じごくそくじゃっこう》とさとり候《そうろう》ぞ（中略）此《こ》の法門《ほうもん》ゆゆしき大事《だいじ》なれども、尼《あま》にたいし《対》まいらせて・おしへ《教》まいらせん、例《れい》せば竜女《りゅうにょ》にたいして文殊菩薩《もんじゅぼさつ》は即身成《そくしんじょう》仏《ぶつ》の秘法《ひほう》をとき《説》給《たま》いしがごとし、これ《此》をきか《聞》せ給《たま》いて後《のち》は・いよいよ信心《しんじん》をいたさせ給《たま》へ、法華経《ほけきょう》の法門《ほうもん》をきくにつけ

て・ななを信心《しんじん》をはげむ《励》を・まこと《真》の道心者《どうしんしゃ》とは申《もう》すなり

## 現代語訳

浄土《じょうど》といっても、地獄《じごく》といっても、自分《じぶん》の外《そと》にあるのではありません。ただ私たちの胸《むね》の中にあるのです。

これを覚《さと》るのを仏《ほとけ》といい、これに迷《まよ》うのを凡夫《ぼんぷ》といいます。これを覚《さと》るのが法華経です。

もしそうであるならば、法華経を受持《じゅじ》している人は「地獄即寂光《じごくそくじゃっこう》」と覚《さと》ることができるのです。（中略）

この法門《ほうもん》は特《とく》に大事《だいじ》な教《おし》えですが、尼御前《あまごぜん》に対《たい》して、お教《おし》えしましょう。

例《たと》えば竜女《りゅうにょ》に対《たい》して文殊菩薩《もんじゅぼさつ》が即身成仏《そくしんじょうぶつ》の秘法《ひほう》を説《と》かれたようなも

のです。

これをお聞《き》きになった後《あと》は、いっそう信心《しんじん》を奮《ふる》い起《お》こしていきなさい。法華経の法門《ほうもん》を聞《き》くたびに、ますます信心《しんじん》に励《はげ》んでいく人を真《しん》の求道《きゅうどう》の人というのです。

## 仏界《ぶっかい》はわが生命《せいめい》に厳然《げんぜん》とある

この「上野殿後家尼御返事《うえのどのごけあまごへんじ》」〈注9〉は、夫《おっと》の南条兵衛七郎《なんじょうひょうえしちろう》に先だたれた上野尼御前《うえのあまごぜん》に送《おく》られたお手紙《てがみ》です。

夫《おっと》を亡《な》くした喪失感《そうしつかん》や嘆《なげ》き、悲《かな》しみに同苦《どうく》され、〝亡《な》き夫君《ふくん》の成仏《じょうぶつ》は間違《まちが》いありません。何《なに》より大事《だいじ》なことは、あなたが成仏《じょうぶつ》することですよ〟と励《はげ》まされています。浄土《じょうど》といっても、地獄《じごく》といっても、固定的《こていてき》な場所《ばしょ》があるわけではない。決《き》めるのは、わが一念《いちねん》の境涯《きょうがい》です。そして、凡夫即極《ぼんぷそくごく》〈注10〉です。最《もっと》も苦《くる》しんだ人が、最《もっと》も幸福《こうふく》になれるのが、大聖人の仏法です。妙法の大功力《だいくりき》なのです。

牧口先生は、極寒《ごっかん》の牢獄《ろうごく》の中でさえ、「信仰《しんこう》を一心《いっしん》にするのが、この頃《ごろ》の仕《し》事《ごと》です。これさえして居《い》れば、何《なん》の不安《ふあん》もない。心《こころ》一つのおき所《どころ》で、地獄《じごく》に居《い》ても安全《あんぜん》です」とつづられました。

法華経を持《たも》つ人は、いかなる境遇《きょうぐう》にあっても、仏界《ぶっかい》の生命《せいめい》を涌現《ゆげん》させることができるゆえに、「地獄即寂光《じごくそくじゃっこう》」の法理《ほうり》を現実《げんじつ》にすることができる――創価の父《ちち》は、そのことを悠然《ゆうぜん》と、そして厳然《げんぜん》と示《しめ》してくださいました。

## 誓願《せいがん》に生《い》き抜《ぬ》いた竜女《りゅうにょ》の成仏《じょうぶつ》

大聖人は、提婆達多品《だいばだったほん》に説《と》かれる竜女《りゅうにょ》〈注11〉の即身成仏《そくしんじょうぶつ》〈注12〉を通《とお》して、さらに励《はげ》ましを送《おく》られます。

ここで竜女《りゅうにょ》の成仏《じょうぶつ》の劇《げき》を追《お》ってみたい。

経文《きょうもん》では、文殊師利菩薩《もんじゅしりぼさつ》が、竜宮《りゅうぐう》において、竜王《りゅうおう》の娘《むすめ》である八歳《さい》の竜女《りゅうにょ》が菩提《ぼだい》を成《じょう》じたことを報告《ほうこく》すると、智積《ちしゃく》という菩薩《ぼさつ》は、とても信《しん》じられないと言下《げんか》に否定《ひてい》します。それは、仏の覚《さと》りは菩薩《ぼさつ》が無量劫《むりょうこう》の間《あいだ》、難行苦行《なんぎょうくぎょう》を重《かさ》ねて初《はじ》めて得《え》られるものであり、女性《じょせい》は成仏《じょうぶつ》できないと決《き》めつけていたからです。

ところが、そうした智積菩薩《ちしゃくぼさつ》たちの前《まえ》に、忽然《こつぜん》と竜女《りゅうにょ》が姿《すがた》を現《あらわ》し、釈尊《しゃくそん》にこう誓《ちか》います。

「唯仏《ただほとけ》のみ当《まさ》に証知《しょうち》したまうべし　我《われ》は大乗《だいじょう》の教《おし》えを闡《ひら》いて　苦《く》の衆生《しゅじょう》を度脱《どだつ》せん」（法華経四〇七ジペー）

仏《ほとけ》だけが自分《じぶん》の成仏《じょうぶつ》を知《し》ってくださっています。だれが何《なん》と言《い》おうと、私は、自分《じぶん》を救《すく》ってくれた妙法の力《ちから》で、人々を救《すく》っていこう——報恩《ほうおん》と一体不二《いったいふに》となった、この竜女《りゅうにょ》の誓願《せいがん》は、なんと力強《ちからづよ》いことでしょうか。

創価の同志《どうし》もまた、〝信心《しんじん》のお陰《かげ》で幸《しあわ》せになった。その恩返《おんがえ》しを〟と、報恩《ほうおん》と誓《ちか》いの最《もっと》も気高《けだか》い広布の人生を貫《つらぬ》いています。

誓《ちか》いと報恩《ほうおん》に生きる人は強《つよ》い。くじけない。絶対《ぜったい》に負《ま》けない。ここに幸福《こうふく》の人生の柱《はしら》があります。

## 「宿命《しゅくめい》を使命《しめい》に」との確信《かくしん》が歓喜《かんき》を

竜女《りゅうにょ》は、智積菩薩《ちしゃくぼさつ》や舎利弗《しゃりほつ》の前《まえ》で、宝珠《ほうしゅ》を釈尊《しゃくそん》に捧《ささ》げます。ここで表《あらわ》されている宝珠《ほうしゅ》は、仏性《ぶっしょう》です。一切衆生《いっさいしゅじょう》が生まれながらに、平等《びょうどう》に仏性《ぶっしょう》を具《そな》えていることを示《しめ》しているのです。

竜女《りゅうにょ》は、幼《おさな》い女性《じょせい》として、即身成仏《そくしんじょうぶつ》を示《しめ》しました。ありのままの姿《すがた》によって、一切衆生《いっさいしゅじょう》に無限《むげん》の希望《きぼう》を与《あた》えることができたのです。

私たちも、今《いま》、どのような境遇《きょうぐう》にあったとしても、末法《まっぽう》の人々を幸福《こうふく》にするという広宣流布の聖業《せいぎょう》を果《は》たすために、あえて宿命《しゅくめい》を背負《せお》って、この世《よ》に出現《しゅつげん》してきたのです。

これを命《いのち》の底《そこ》から確信《かくしん》した時《とき》、感謝《かんしゃ》と歓喜《かんき》が生命《せいめい》から湧《わ》き出《で》てこないわけがありません。

## 「心大歓喜《しんだいかんぎ》」の精神《せいしん》で、民衆《みんしゅう》の中へ

竜女《りゅうにょ》は智積菩薩《ちしゃくぼさつ》らに宣言《せんげん》します。

「我《わ》が成仏《じょうぶつ》を観《み》よ」（法華経四〇九ジペー）

竜女《りゅうにょ》が、こう言《い》い切《き》って即身成仏《そくしんじょうぶつ》の姿《すがた》を示《しめ》した光景《こうけい》は、病《やまい》や人生の苦難《くなん》を打《だ》開《かい》しゆく同志《どうし》と二重写《にじゅううつ》しになります。

「わが姿《すがた》を見よ」と、誇《ほこ》らしく、宿命《しゅくめい》と戦《たたか》う尊貴《そんき》な自分《じぶん》の生命《せいめい》を堂々《どうどう》と開《ひら》き示《しめ》していく。「宿命《しゅくめい》」を「使命《しめい》」に転《てん》ずる逆転劇《ぎゃくてんげき》こそが、仏法の偉大《いだい》さの証明《しょうめい》となるのです。

さらに、「普《あまね》く十方《じっぽう》の一切衆生《いっさいしゅじょう》の為《ため》に、妙法《みょうほう》を演説《えんぜつ》する」（同）と、竜女《りゅうにょ》は一《いっ》切衆生《さいしゅじょう》のために法《ほう》を説《と》いていきます。

その誓願《せいがん》の行動《こうどう》を目《ま》の当《あ》たりにした衆生《しゅじょう》は、「心《こころ》は大《おお》いに歓喜《かんぎ》して、悉《ことごと》く遙《はる》かに敬礼《きょうらい》」（法華経四一〇㌻）したのです。

「心《こころ》は大《おお》いに歓喜《かんぎ》（心大歓喜《しんだいかんぎ》）」です。一人の生命《せいめい》の輝《かがや》きが、周《まわ》りの人を歓喜《かんき》させていく。暗闇《くらやみ》の中に、一つの明《あ》かりがともり、それに感応《かんのう》して、周《まわ》りがいっせいに輝《かがや》き出すような希望《きぼう》の連動《れんどう》です。

## 瞬時《しゅんじ》に頂上《ちょうじょう》へ、そして悠然《ゆうぜん》と麓《ふもと》へ

今《いま》、目覚《めざ》ましい世界《せかい》広布の前進《ぜんしん》も、国内外の学会員の同志《どうし》の体験《たいけん》・実証《じっしょう》の姿《すがた》を通《とお》して、幸福《こうふく》と勝利《しょうり》の波動《はどう》が広《ひろ》がっているからに他《ほか》なりません。

その根底《こんてい》には、成仏観《じょうぶつかん》の転換《てんかん》があります。

一般的《いっぱんてき》な成仏観《じょうぶつかん》は、はるかかなたの高《たか》い頂上《ちょうじょう》を目指《めざ》して、どこまでも険難《けんなん》の山道《やまみち》を登《のぼ》り続《つづ》けます。あまりにも困難《こんなん》で、山頂《さんちょう》にたどり着《つ》けるかどうか分《わ》からない。また、自分《じぶん》のことで精《せい》いっぱいで、人のことまで関《かか》われません。

大聖人の仏法は、まったく異《こと》なります。一切衆生《いっさいしゅじょう》のだれもが、瞬間《しゅんかん》に、頂上《ちょうじょう》の高《たか》みに到達《とうたつ》できる教《おし》えなのです。それが「受持即観心《じゅじそくかんじん》」〈注13〉の妙法の大《だい》功力《くりき》なのです。

そびえ立つ山頂《さんちょう》から、周囲《しゅうい》をはるかに見下《みお》ろしていける大境涯《だいきょうがい》に、今《いま》この瞬《しゅん》間《かん》に、その身《み》のまま、今《いま》いる場所《ばしょ》で到達《とうたつ》できるのです。

しかし、この大仏法の功徳《くどく》は、そこでとどまるものではありません。日蓮仏法の真実《しんじつ》の醍醐味《だいごみ》は、仏界《ぶっかい》の山頂《さんちょう》から、九界《きゅうかい》の麓《ふもと》へ勇《いさ》んで向《む》かい、人々にこの喜《よろこ》びを伝《つた》え抜《ぬ》いていくところにあります。現実世界《げんじつせかい》の中で、妙法を語《かた》り、自《みずか》らの実証《じっしょう》を示《しめ》し、希望《きぼう》の行進《こうしん》を広《ひろ》げていく。そして、今度《こんど》は、大勢《おおぜい》の民衆《みんしゅう》と共《とも》に大歓喜《だいかんき》の山頂《さんちょう》に登《のぼ》り立つ。仏界《ぶっかい》から九界《きゅうかい》へ、そして皆《みな》と一緒《いっしょ》に九界《きゅうかい》から仏界《ぶっかい》へ。この歓喜《かんき》の往復《おうふく》の連続《れんぞく》こそが、我《われ》らの広宣流布の行動《こうどう》なのです。

一切衆生《いっさいしゅじょう》の救済《きゅうさい》を誓《ちか》い戦《たたか》った竜女《りゅうにょ》の成仏《じょうぶつ》の劇《げき》は、決《けっ》して過去《かこ》の物語《ものがたり》ではありません。「心大歓喜《しんだいかんぎ》」のドラマは、まさに今《いま》、世界中《せかいじゅう》の創価の女性《じょせい》たちによって、仲良《なかよ》く、賑《にぎ》やかに繰《く》り広《ひろ》げられているではありませんか!

とりわけ、日本をはじめ世界《せかい》の女子部・婦人部の友《とも》が、今《いま》いる自分《じぶん》の場所《ばしょ》で誓《ちか》いを果《は》たし、朗《ほが》らかに歓喜《かんき》の「竜女《りゅうにょ》の誓願《せいがん》のスクラム」を拡大《かくだい》している。これほどうれしいことはありません。

## 幸福《こうふく》を勝《か》ち取《と》る宗教《しゅうきょう》の条件《じょうけん》

トルストイ〈注14〉は、幸福《こうふく》になるための宗教《しゅうきょう》の条件《じょうけん》をつづっています。

「人間は、幸福《こうふく》であるためには二つの信仰《しんこう》が必要《ひつよう》である。一つは人生の意味《いみ》の説明《せつめい》があるはずだという信仰《しんこう》であり、もう一つは、その最《もっと》もよき人生の説明《せつめい》を発見することである」

仏法は、正しき三世《さんぜ》の生命観《せいめいかん》によって、確固《かっこ》たる人生の意味《いみ》を教《おし》えてくれます。そして、現実《げんじつ》に、運命《うんめい》の鉄鎖《てっさ》を断《た》ち切《き》り、使命《しめい》の大道《だいどう》を歩《あゆ》む歓喜《かんき》の人生への方途《ほうと》を明《あ》かしています。

それは、「地涌《じゆ》の菩薩《ぼさつ》」の崇高《すうこう》な誓願《せいがん》に生《い》き抜《ぬ》くことです。自他共《じたとも》に幸福《こうふく》を勝《か》ち取《と》りながら、社会《しゃかい》を安穏《あんのん》に、世界《せかい》を平和《へいわ》にと、創価の民衆《みんしゅう》の連帯《れんたい》を広《ひろ》げていくことです。

仏法を学び、実践《じっせん》することは、最高最善《さいこうさいぜん》の人生を進《すす》む、希望《きぼう》と勇気《ゆうき》の羅針盤《らしんばん》を手に入れることなのです。

**我《われ》らは楽《たの》しく愉快《ゆかい》に進《すす》む！**

さあ、
荒波《あらなみ》を越《こ》えて出発《しゅっぱつ》だ！
希望《きぼう》を胸《むね》にどこまでも、
宿命《しゅくめい》の嵐《あらし》の連続《れんぞく》にも恐《おそ》れるな！
仏法という幸福《こうふく》への羅針盤《らしんばん》があるゆえに、
我《われ》らには、栄光輝《えいこうかがや》く未来《みらい》がある！
世界《せかい》の友《とも》と、楽《たの》しく愉快《ゆかい》に進《すす》むのだ！

## ［注解］

〈注1〉【常楽我浄《じょうらくがじょう》】仏《ほとけ》の生命《せいめい》に具《そな》わる徳目《とくもく》で、四徳波羅蜜《しとくはらみつ》ともいう。「常《じょう》」とは、仏《ほとけ》が完全《かんぜん》な永遠性《えいえんせい》を実現《じつげん》していること。「楽《らく》」とは、完全《かんぜん》な安楽《あんらく》。「我《が》」とは、完全《かんぜん》な主体性《しゅたいせい》。「浄《じょう》」とは、完全《かんぜん》な清《きよ》らかさをいう。

〈注2〉【立正安国《りっしょうあんこく》】「正《しょう》を立《た》て、国《くに》を安《やす》んず」と読《よ》む。一人一人の心《こころ》のなかに正法《しょうほう》を確立《かくりつ》し、社《しゃ》会《かい》、国家《こっか》の繁栄《はんえい》と世界《せかい》の平和《へいわ》を築《きず》いていくこと。

〈注3〉【一念三千《いちねんさんぜん》】衆生《しゅじょう》が瞬間瞬間《しゅんかんしゅんかん》に起《お》こす一念《いちねん》の心《こころ》に、現象世界《げんしょうせかい》のすべて（三千）が納《おさ》まること。天台大師《てんだいだいし》が法華経の教説《きょうせつ》に基《もと》づいて『摩訶止観《まかしかん》』で立てた法門《ほうもん》。

〈注4〉【桜梅桃李《おうばいとうり》】桜《さくら》は桜《さくら》、梅《うめ》は梅《うめ》、桃《もも》は桃《もも》、李《すもも》は李《すもも》というように、万人《ばんにん》がそれぞれの個性《こせい》や多《た》様性《ようせい》に従《したが》って、ありのままの姿形《すがたかたち》を改《あらた》めることなく、自分《じぶん》らしく花を咲《さ》かせて生《い》き抜《ぬ》いていくこと。

〈注5〉【四条金吾殿御返事《しじょうきんごどののごへんじ》】建治《けんじ》二年（一二七六年）六月、厳《きび》しい迫害《はくがい》を受《う》けていた四条金吾《しじょうきんご》に与《あた》えられたお手紙《てがみ》。「衆生所遊楽御書《しゅじょうしょゆうらくごしょ》」ともいう。

〈注6〉【衆生所遊楽《しゅじょうしょゆうらく》】法華経如来寿量品第十六《にょらいじゅりょうほんだい》の文（法華経四九一ﾍﾟｰｼﾞ）。この娑婆世界《しゃばせかい》は常寂光《じょうじゃっこう》土《ど》であり、妙法を持《たも》つ衆生《しゅじょう》の最高《さいこう》の遊楽《ゆうらく》の場所《ばしょ》であることが示《しめ》されている。

〈注7〉【自受法楽《じじゅほうらく》】「自《みずか》ら法楽《ほうらく》を受《う》く」と読《よ》む。自《みずか》ら妙法の功徳《くどく》である真《しん》の安楽《あんらく》を受《う》けること。「法楽《ほうらく》」とは仏《ほとけ》の覚《さと》りを享受《きょうじゅ》する最高絶対《さいこうぜったい》の幸福《こうふく》のこと。

〈注8〉【現世安穏《げんぜあんのん》・後生善処《ごしょうぜんしょ》】法華経薬草喩品《やくそうゆほん》第五の文（法華経二四四ページ）。「現世安隠《げんぜあんのん》にして、後《のち》に善処《ぜんしょ》に生《しょう》じ」。如来《にょらい》の説《と》いた法《ほう》の力《ちから》を明《あ》かしたもので、法《ほう》を信受《しんじゅ》する衆生《しゅじょう》は、現世《げんぜ》では安穏《あんのん》な境涯《きょうがい》となり、後生《ごしょう》には恵《めぐ》まれたところに生まれるということ。

〈注9〉【上野殿後家尼御返事《うえのどのごけあまごへんじ》】南条時光《なんじょうときみつ》の母に与《あた》えられた御消息《ごしょうそく》。後家尼《ごけあま》が亡夫《ぼうふ》・南条兵衛七郎《なんじょうひょうえしちろう》の追善供養《ついぜんくよう》のため御供養《ごくよう》の品々《しなじな》を送《おく》ったのに際《さい》して即身成仏《そくしんじょうぶつ》の法門《ほうもん》を述《の》べられている。

〈注10〉【凡夫即極《ぼんぷそくごく》】普通《ふつう》の人間（凡夫《ぼんぷ》）にこそ尊極《そんごく》の仏《ほとけ》の境涯《きょうがい》が現《あらわ》れるということ。

〈注11〉【竜女《りゅうにょ》】海中《かいちゅう》の竜宮《りゅうぐう》に住《す》む娑竭羅竜王《しゃからりゅうおう》の八歳の娘《むすめ》で蛇身《じゃしん》。法華経提婆達多品《だいばだったほん》第十二で、即《そく》身成仏《しんじょうぶつ》の境涯《きょうがい》を現《あらわ》した。竜女《りゅうにょ》の成仏《じょうぶつ》は、一切《いっさい》の女人成仏《にょにんじょうぶつ》の手本とされるとともに、即身成《そくしんじょう》仏《ぶつ》をも表現《ひょうげん》している。

〈注12〉【即身成仏《そくしんじょうぶつ》】歴劫修行《りゃっこうしゅぎょう》によらず、凡夫《ぼんぷ》がその身《み》のままで成仏《じょうぶつ》すること。

〈注13〉【受持即観心《じゅじそくかんじん》】末法《まっぽう》の凡夫《ぼんぷ》が成仏《じょうぶつ》するための観心《かんじん》（自身《じしん》の心《こころ》を観《かん》じる）の修行《しゅぎょう》は、南無妙法蓮華経の御本尊を受持《じゅじ》することで成就《じょうじゅ》できるということ。

〈注14〉【トルストイ】一八二八年～一九一〇年。レフ・N・トルストイ。ロシアの作家《さっか》、思想《しそう》家《か》。『戦争と平和』『アンナ・カレーニナ』『復活』などの大作を著《あらわ》し、世界的名声《せかいてきめいせい》を得《え》る。

トルストイの言葉《ことば》は、『文読む月日 ㊦』（北御門二郎訳、筑摩書房）から。

## 師《し》弟《てい》――真《しん》の報恩《ほうおん》は民衆救済《みんしゅうきゅうさい》を貫《つらぬ》く「弟子《でし》の道《みち》」に

ある時《とき》、わが恩師《おんし》・戸田城聖《じょうせい》先生は言《い》われました。

「いま、こうして私が広宣流布の指揮《しき》を執《と》っていることは、牧口常三郎《つねさぶろう》先生の大恩《だいおん》をこうむっているのはいうまでもありません。私は、牧口先生を、親子《おやこ》として、弟子《でし》として、一生涯《いっしょうがい》、いな永遠《えいえん》に大事《だいじ》にし、恩《おん》に報《ほう》じていく決心《けっしん》であります」

戦後《せんご》の焼《や》け野原《のはら》に一人立《た》ち、学会の再建《さいけん》に着手《ちゃくしゅ》された恩師《おんし》・戸田先生。その胸中《きょうちゅう》に赤々と燃《も》え上《あ》がっていたのは、先師《せんし》・牧口先生の恩《おん》に報《むく》いて、絶対《ぜったい》に広宣流布を成《な》し遂《と》げてみせるとの断固《だんこ》たる一念《いちねん》でした。

そして、この地上《ちじょう》から「悲惨《ひさん》」の二字をなくしゆくために、七十五万世帯《せたい》の弘教《ぐきょう》という願業《がんぎょう》を果《は》たされていったのです。

「師弟《してい》の道《みち》」は「報恩《ほうおん》の道《みち》」です。

妙法流布に生《い》き抜《ぬ》く最極《さいごく》の人生を教《おし》えてくださった戸田先生に、私はお仕《つか》えしました。戦後《せんご》の不況下《ふきょうか》で先生の事業《じぎょう》が窮地《きゅうち》に立たされ、社員《しゃいん》が次々《つぎつぎ》に辞《や》めていってしまう中で一人、先生をお守《まも》りしたのも、それが私にとっての「報恩《ほうおん》の道《みち》」であったからです。

## 人として生きる「至誠《しせい》の道《みち》」

一九五〇年（昭和二十五年）の師走《しわす》、事業《じぎょう》の打開《だかい》のため、埼玉・大宮方面《おおみやほうめん》での奔走《ほんそう》を終《お》え、戸田先生と川の土手を歩《ある》いていた時《とき》のことです。満天《まんてん》の星《ほし》が美《うつく》しい夜《よる》でした。

私は、戦後《せんご》の暗《くら》い世相《せそう》の中で、当時《とうじ》、流行《りゅうこう》していた「星《ほし》の流《なが》れに……こんな女に誰《だれ》がした」という歌《うた》の歌詞《かし》を、「こんな男に誰《だれ》がした」と変《か》えて、口ずさみました。

すると前《まえ》を歩《ある》いていた先生が振《ふ》り向《む》かれ、笑顔《えがお》で「俺《おれ》だよ！」と答《こた》えられたのです。悠然《ゆうぜん》たる師《し》の一言《ひとこと》に胸《むね》が熱《あつ》くなりました。

今《いま》は事業《じぎょう》においては、悪戦苦闘《あくせんくとう》の連続《れんぞく》かもしれない。しかし状況《じょうきょう》はどうあれ、私自身は、生涯《しょうがい》、先生の弟子《でし》として不撓不屈《ふとうふくつ》の精神《せいしん》で戦《たたか》い抜《ぬ》くのだ。断《だん》じて勝利《しょうり》の旗《はた》を打《う》ち立《た》てるのだ――どこまでも師《し》と共《とも》に進《すす》み抜《ぬ》くと誓《ちか》ったことを忘《わす》れることはありません。

後《のち》に私は、恩師《おんし》の写真《しゃしん》を背広《せびろ》の内《うち》ポケットに納《おさ》めて、師《し》の夢《ゆめ》だった東洋《とうよう》広布、世界《せかい》広布の旅《たび》へと飛《と》び立《た》ちました。私は、いつも先生と一緒《いっしょ》です。今《いま》に至《いた》るまで、恩師《おんし》から教《おそ》わった指導《しどう》を実践《じっせん》し、毎日《まいにち》、いかなる時も、胸中《きょうちゅう》の師匠《ししょう》と対話《たいわ》しています。

報恩《ほうおん》は、人として生きる「至誠《しせい》の道《みち》」です。日蓮大聖人御自身《ごじしん》が、誰《だれ》よりも報恩《ほうおん》の御生涯《ごしょうがい》を貫《つらぬ》かれました。

ここで、これまでも折々《おりおり》に講義《こうぎ》してきた「報恩抄《ほうおんしょう》」〈注1〉を今一度《いまいちど》拝《はい》して、その真髄《しんずい》について、共々《ともども》に学んでまいりたいと思《おも》います。

## 報恩抄《ほうおんしょう》

**御文**

（御書二九三ジ㌻一行目～四行目）

夫《そ》れ老狐《ろうこ》は塚《つか》をあとにせず白亀《はくき》は毛宝《もうほう》が恩《おん》をほうず《報》畜生《ちくしょう》すらかくのごとしいわうや人倫《じんりん》をや、されば古《いにし》への賢者予譲《けんじゃよじょう》といゐし者《もの》は剣《つるぎ》をのみて智伯《ちはく》が恩《おん》にあてこう《弘》演《えん》と申《もう》せし臣下《しんか》は腹《はら》をさひ《割》て衛《えい》の懿公《いこう》が肝《きも》を入《い》れたり、いかにいわうや仏教《ぶっきょう》を

ならはん者父母《ぶも》・師匠《ししょう》・国恩《こくおん》をわするべしや、此《こ》の大恩《だいおん》をほうぜんには必《かなら》ず仏法《ぶっぽう》をならひきはめ智者《ちしゃ》とならで叶《かな》うべきか

## 現代語訳

そもそも、狐《きつね》は決《けっ》して生まれた古塚《ふるつか》を忘《わす》れず、また白亀《はくき》は毛宝《もうほう》の恩《おん》に報《むく》いたという。畜生《ちくしょう》ですらこのように恩《おん》を知《し》っている。まして人間においてはなおさらである。

ゆえに昔《むかし》、予譲《よじょう》という賢人《けんじん》は、智伯《ちはく》の恩《おん》に報《むく》いようとして剣《つるぎ》に伏《ふ》して死《し》んだという。また衛《えい》の弘演《こうえん》という臣下《しんか》は、自分《じぶん》の腹《はら》を割《さ》き、懿公《いこう》の肝《きも》を入れたという。ましてや、仏教を学ぶものが、どうして父母《ふぼ》、師匠《ししょう》、国土《こくど》や社会《しゃかい》の恩《おん》を忘《わす》れてよいであろうか。

> この大恩《だいおん》を報《ほう》ずるためには、必《かなら》ず仏法を学び究《きわ》めて、智者《ちしゃ》とならなければ叶《かな》うことではない。

## 亡《な》き師匠《ししょう》への追善《ついぜん》の一書《いっしょ》

日蓮大聖人が若《わか》き日、安房国《あわのくに》（千葉県南部《なんぶ》）の清澄寺《せいちょうじ》で修学《しゅうがく》に励《はげ》まれた時《とき》の師匠《ししょう》が道善房《どうぜんぼう》〈注2〉であり、兄弟子《あにでし》が浄顕房《じょうけんぼう》と義浄房《ぎじょうぼう》〈注3〉の二人でした。

建治《けんじ》二年（一二七六年）六月、大聖人は、道善房《どうぜんぼう》の逝去《せいきょ》の報《ほう》を聞《き》かれます。

そして、七月、亡《な》き師匠《ししょう》への追善《ついぜん》と報恩謝徳《ほうおんしゃとく》のために認《したた》められたのが「報恩《ほうおん》抄《しょう》」です。

「送文《おくりぶみ》」に「御《おん》まへ《前》と義成房《ぎじょうぼう》と二人《ふたり》・此《こ》の御房《ごぼう》をよみて《読手》として嵩《かさ》がもり《森》の頂《いただき》にて二三遍《にさんべん》・又《また》故《こ》道善《どうぜん》御房《ごぼう》の御《おん》はか《墓》にて一遍《いっぺん》よませさせ給《たま》いて」（御書三三〇㌻）とあるように、本抄《ほんしょう》を道善房《どうぜんぼう》の墓前《ぼぜん》でも読《よ》むようにとの二人に対しての伝言《でんごん》も添《そ》えられています。

## 師恩《しおん》に報《むく》いる求道《きゅうどう》と弘教《ぐきょう》

大聖人は本抄《ほんしょう》で、師恩《しおん》に報《むく》いるために、御自身《ごじしん》の求道《きゅうどう》と弘教《ぐきょう》の御生涯《ごしょうがい》を示《しめ》されています。それはいわば、末法《まっぽう》の全民衆《ぜんみんしゅう》を救済《きゅうさい》するための破邪顕正《はじゃけんせい》の闘争《とうそう》の足跡《そくせき》でもありました。

さらに「此《こ》の文《ふみ》は随分大事《ずいぶんだいじ》の大事《だいじ》どもをかきて候《そうろう》ぞ」（御書三三〇ジペー）と仰《おお》せの通《とお》り、三大秘法《さんだいひほう》の南無妙法蓮華経を明《あ》かされ、人類《じんるい》の未来《みらい》を救《すく》う道《みち》を開《ひら》いたことを宣言《せんげん》されているのです。

本抄《ほんしょう》の冒頭《ぼうとう》ではまず、「老狐《ろうこ》」〈注4〉や「白亀《はくき》」〈注5〉の譬《たと》えを通《とお》して、畜《ちく》生《しょう》ですら恩《おん》に報《むく》いるのであるから、まして、人間として報恩《ほうおん》の生《い》き方《かた》が重要《じゅうよう》であることを示《しめ》されます。また「予譲《よじょう》」〈注6〉や「弘演《こうえん》」〈注7〉の故事《こじ》を引《ひ》いて、「古《いにし》への賢者《けんじゃ》」も報恩《ほうおん》の道《みち》に生きたのであるから、仏弟子《ぶつでし》も父母《ふぼ》や師匠《ししょう》、国土《こくど》・社会《しゃかい》の恩《おん》を絶対《ぜったい》に忘《わす》れてはならないことを重《かさ》ねて教《おし》えられています。それでは、大恩《だいおん》に報《むく》いるためにどうすればよいのか。大聖人は、仏法を学び究《きわ》め、真《しん》の智者《ちしゃ》となって、恩《おん》ある人々を導《みちび》いていかなければならないと仰《おお》せです。

## なされたことを知《し》る

ここでは、まず、報恩《ほうおん》そのものについて考《かんが》えていきたい。

報恩《ほうおん》という概念《がいねん》は古今東西《ここんとうざい》を問《と》わず、人間性に深《ふか》く根《ね》ざして、民衆《みんしゅう》の生活《せいかつ》の中に溶《と》け込《こ》んできました。本抄《ほんしょう》で説話《せつわ》や史実《しじつ》を引《ひ》かれている通《とお》りです。

現在《げんざい》の日本においては、ともすれば、報恩《ほうおん》というと封建的《ほうけんてき》な主従関係《しゅじゅうかんけい》が想起《そうき》されますが、それは「恩《おん》」の一側面《いちそくめん》から生《しょう》ずる誤解《ごかい》です。

経典《きょうてん》における「報恩《ほうおん》」の原語《げんご》は、サンスクリット（古代インドの文語）の「クリタ・ジュニャー」だと考《かんが》えられています。「なされたこと」（クリタ）を「知《し》る」(ジュニャー)という意味《いみ》です。

今《いま》の自分《じぶん》があるのは、多《おお》くの人々のおかげであることを知《し》り、感謝《かんしゃ》の心《こころ》を持《も》って、今度《こんど》は自分《じぶん》が人々のために尽《つ》くしていく。この行為《こうい》こそが、「知恩《ちおん》」であり「報恩《ほうおん》」であると言《い》えるのではないでしょうか。

報恩《ほうおん》は、人間性の証明《しょうめい》です。そのうえで仏法における報恩《ほうおん》とは、主君《しゅくん》や両親《りょうしん》という特定《とくてい》の人に限定的《げんていてき》に向《む》けられるものではありません。知恩報恩《ちおんほうおん》の人生は、そのまま、「一切衆生《いっさいしゅじょう》への報恩《ほうおん》」に通《つう》じていくのです。

そして、何《なに》をもって恩《おん》に報《むく》いていくのか。大聖人は、一切衆生《いっさいしゅじょう》に対《たい》する恩《おん》に報《むく》いるためにも、仏法を習《なら》い究《きわ》める必要《ひつよう》があると捉《とら》えられていたのです。

掲《かか》げた御文《ごもん》の続《つづ》きに、「方風《ほうふう》を弁《わきま》えざらん大舟《おおぶね》は諸商《しょしょう》を導《みちび》きて宝山《ほうざん》にいたるべしや」(御書二九三ジペー)——方位《ほうい》や風向《かざむ》きを見分《みわ》けられない大きな舟《ふね》が、多《おお》くの商人《しょうにん》を導《みちび》いて宝《たから》の山へ至《いた》ることができるだろうか——とあります。

これは、仏道《ぶつどう》による真《しん》の智慧《ちえ》を得《え》なければ、多《おお》くの人々を導《みちび》くことができないことを教《おし》えられています。多《おお》くの人々に感謝《かんしゃ》の思《おも》いを伝《つた》え、真《しん》に報《むく》いていくために、大いなる自分自身《じぶんじしん》を築《きず》こうとするのが、仏法の報恩《ほうおん》です。

日蓮仏法の報恩《ほうおん》とは、そのまま民衆救済《みんしゅうきゅうさい》の誓願《せいがん》に立つことです。このことを、御自身《ごじしん》の大激闘《だいげきとう》の歴史《れきし》を通《とお》して教《おし》えられているのが「報恩抄《ほうおんしょう》」なのです。

## 報恩抄《ほうおんしょう》

### 御文

（御書二九三ジ⁻五行目〜九行目）

仏法《ぶっぽう》を習《なら》い極《きわ》めんとをもはばいとまあらずば叶《かな》うべからずいとまあらんとをもはば父母《ぶも》・師匠《ししょう》・国主等《こくしゅとう》に随《したが》いては叶《かな》うべからず是非《ぜひ》につけて出離《しゅつり》の道《どう》をわきまへざらんほどは父《ぶ》母《も》・師匠等《ししょうとう》の心《こころ》に随《したが》うべからず、この義《ぎ》は諸人《しょにん》をもはく顕《けん》にもはづれ冥《みょう》にも叶《かな》うまじとをもう、しかれども外典《げてん》の孝経《こうきょう》にも父母《ぶも》主君《しゅくん》に随《したが》はずして忠臣《ちゅうしん》・孝人《こうじん》なるやうもみえたり、内《ない》典《てん》の仏経《ぶっきょう》に云《いわ》く「恩《おん》を棄《す》て無為《むい》に入《い》るは真実報恩《しんじつほうおん》の者《もの》なり」等云云《とううんぬん》、比干《ひかん》が王《おう》に随《したが》わずして賢人《けんじん》のな《名》をとり悉達太子《しったたいし》の浄《じょう》飯大王《ぼんだいおう》に背《そむ》きて三界第一《さんがいだいいち》の孝《こう》となりしこれなり

## 現代語訳

仏法を習《なら》い究《きわ》め智者《ちしゃ》となるためには、仏道修行《ぶつどうしゅぎょう》に時間《じかん》が必要《ひつよう》である。さらに、少《すこ》しでも時間《じかん》をつくろうと思《おも》うなら、父母《ふぼ》、師匠《ししょう》、国主《こくしゅ》などに従《したが》っていては、いとまはつくれるものではない。ともかく、仏《ぶつ》道修行《どうしゅぎょう》をまっとうしないうちは、父母《ふぼ》や師匠《ししょう》などの心《こころ》に従《したが》ってはなら

ないのである。

このようにいうと、人々は「これでは世間《せけん》の道徳《どうとく》にもはずれ、神仏《しんぶつ》の教《おし》えにも背《そむ》くことになるではないか」と思《おも》うであろう。しかし、外《げ》典《てん》の『孝経《こうきょう》』にも「父母《ふぼ》、主君《しゅくん》の心《こころ》に従《したが》わないでも忠臣《ちゅうしん》や孝行者《こうこうもの》である場合《ばあい》もある」と説《と》かれている。また、内典《ないてん》の仏教《ぶっきょう》には「父母《ふぼ》などに対《たい》する恩愛《おんあい》の情《じょう》を捨《す》てて、仏道《ぶつどう》に入るものは、真実《しんじつ》の報恩《ほうおん》の者《もの》である」等と示《しめ》されている。

比干《ひかん》は、王命《おうめい》に従《したが》わず、かえって賢人《けんじん》の名を高《たか》めた。また釈尊《しゃくそん》は悉《しっ》達太子《たたいし》の時代《じだい》に、父《ちち》である浄飯《じょうぼん》大王の心《こころ》に背《そむ》いて仏道《ぶつどう》に入《はい》り、三界《さんがい》(欲界《よっかい》・色界《しきかい》・無色界《むしきかい》。つまり全世界《ぜんせかい》のこと)第一《だいいち》の孝行者《こうこうもの》となったことがその例《れい》である。

## 民衆《みんしゅう》を救済《きゅうさい》するための智者《ちしゃ》

大聖人は清澄寺《せいちょうじ》に入った十二歳の時《とき》に「日本第一《にほんだいいち》の智者《ちしゃ》となし給《たま》へ」（御書八八八ページ等）との誓願《せいがん》を立てられました。これは先《さき》に拝《はい》した「報恩抄《ほうおんしょう》」の前段《ぜんだん》の御文《ごもん》に、「仏教《ぶっきょう》を習《なら》う者《もの》が父母《ふぼ》、師匠《ししょう》、国《くに》の大恩《だいおん》に報《むく》いるには、必《かなら》ず仏法を学び究《きわ》めて智者《ちしゃ》とならなければならない」（御書二九三ページ、趣意）ともあるように、父母《ふぼ》をはじめとして、全民衆《ぜんみんしゅう》を救《すく》う道《みち》を求《もと》められる誓願《せいがん》であったと拝《はい》されます。

〝民衆《みんしゅう》を救済《きゅうさい》する智者《ちしゃ》に〟――これが大聖人御自身《ごじしん》にとっての求道《きゅうどう》の始《はじ》まりであり、御生涯《ごしょうがい》を貫《つらぬ》く弘教《ぐきょう》の原点《げんてん》でもありました。

ゆえに大聖人は、その智者《ちしゃ》となるためには仏道修行《ぶつどうしゅぎょう》に打《う》ち込《こ》むべきである。仏道修行《ぶつどうしゅぎょう》を成就《じょうじゅ》し、すべての人が揺《ゆ》るぎない幸福《こうふく》を確立《かくりつ》できる道《みち》を究《きわ》めることが、父母《ふぼ》や師匠《ししょう》の心《こころ》に真《しん》に報《むく》いることになると述《の》べられています。

「兄弟抄《きょうだいしょう》」でも、「一切《いっさい》は・をやに随《したが》うべきにてこそ候《そうら》へども・仏《ほとけ》になる道《みち》は随《したが》わぬが孝養《こうよう》の本《もと》にて候《そうろう》か」（御書一〇八五ジペー）と仰《おお》せになり、仏道《ぶつどう》を成《じょう》ずることこそが、孝養《こうよう》の根本《こんぽん》の道《みち》になると教《おし》えられています。

妙法によって、自身《じしん》が仏《ほとけ》の生命《せいめい》を開《ひら》きあらわすことで、広大《こうだい》な智慧《ちえ》と慈悲《じひ》を発揮《はっき》して、親《おや》をも救《すく》い、一切《いっさい》の人々を救《すく》っていくことができるからです。

## 父母《ふぼ》・師匠《ししょう》を救《すく》う真理《しんり》を探求《たんきゅう》

そこで本抄《ほんしょう》では、外典《げてん》に説《と》かれる「忠臣《ちゅうしん》」や「孝人《こうじん》」、仏典《ぶってん》に説《と》かれる「真《しん》実報恩《じつほうおん》の者《もの》」は、いずれも父母《ふぼ》や主君《しゅくん》の意《い》に従《したが》ったわけではないことを示《しめ》されます。また殷《いん》の紂王《ちゅうおう》の王子《おうじ》「比干《ひかん》」〈注8〉が王命《おうめい》に従《したが》わなかったものの、後《のち》に賢人《けんじん》と讃《たた》えられるようになったこと、釈尊自身《しゃくそんじしん》が出家《しゅっけ》する際《さい》に王《おう》である父《ちち》の意思《いし》に背《そむ》いて仏道《ぶつどう》に入り、世界第一《せかいだいいち》の孝子《こうし》と仰《あお》がれるようになったことを引《ひ》かれています。

大聖人も、父母《ふぼ》や師匠《ししょう》、国主《こくしゅ》の意《い》に背《そむ》いてまで、さらには妙法を弘通《ぐつう》されるがゆえの大難《だいなん》をも覚悟《かくご》して、求道《きゅうどう》を重《かさ》ねられました。

「報恩抄《ほうおんしょう》」の後段《こうだん》では、「今度《こんど》命《いのち》をおしむならば・いつの世《よ》にか仏《ほとけ》になるべき、又何《またいか》なる世《よ》にか父母《ぶも》・師匠《ししょう》をも・すくひ奉《たてまつ》るべきと・ひとへに《偏》・をもひ切《き》りて申《もう》し始《はじ》め」（御書三二一ページ）と綴《つづ》られています。牧口先生が御書に線《せん》を引《ひ》かれていた一節《いっせつ》です。

大聖人ほど、真《しん》の孝養《こうよう》を果《は》たされた方《かた》はいません。日蓮仏法の出発点《しゅっぱつてん》は、どこまでいっても報恩《ほうおん》にあります。この原理《げんり》は、いつの時代《じだい》も変《か》わりません。それゆえに、青年は、自身《じしん》の人生の誓願《せいがん》の出発点《しゅっぱつてん》の第一《だいいち》に親孝行《おやこうこう》を置《お》いてほしい。親《おや》を愛《あい》することが、他者《たしゃ》を愛《あい》することにつながるからです。

うれしいことに、今《いま》、多《おお》くの創価の青年たちが、この尊《とうと》い「報恩《ほうおん》の人生」を歩《あゆ》んでくれています。至高《しこう》の精神性《せいしんせい》に生きる地涌《じゆ》の若人《わこうど》は、学会の宝《たから》の人材《じんざい》であり、そして人類《じんるい》の財宝《ざいほう》であると、私は確信《かくしん》しています。

## 師恩《しおん》に報《むく》いる人生は最《もっと》も尊《とうと》い

本抄《ほんしょう》で「これは・ひとへに父母《ぶも》の恩《おん》・師匠《ししょう》の恩《おん》・三宝《さんぽう》の恩《おん》・国恩《こくおん》をほう《報》ぜんがために身《み》をやぶり命《いのち》をすつ」（御書三二三ページ）と仰《おお》せです。「四恩《しおん》」については諸説《しょせつ》がありますが、「心地観経《しんじかんぎょう》」には①父母《ふぼ》の恩《おん》②一切衆《いっさいしゅ》生《じょう》の恩《おん》③国王《こくおう》の恩《おん》④三宝《さんぽう》の恩《おん》と説《と》かれています。

大聖人もこれを引用《いんよう》して「四恩抄《しおんしょう》」〈注9〉などを認《したた》められました。

しかしながら「報恩抄《ほうおんしょう》」では、「一切衆生《いっさいしゅじょう》の恩《おん》」は「父母《ふぼ》の恩《おん》」の中に含《ふく》まれ、その代《か》わりに、「師匠《ししょう》の恩《おん》」を挙《あ》げられています。これは、大聖人の若《わか》き日の修学時代《しゅうがくじだい》の師《し》である道善房《どうぜんぼう》に対《たい》して、厳然《げんぜん》と師恩《しおん》に報《むく》いる姿勢《しせい》を示《しめ》されるためであると拝《はい》されます。

実際《じっさい》のところ、道善房《どうぜんぼう》は師匠《ししょう》とはいえ、臆病《おくびょう》で小心《しょうしん》でした。大聖人が迫害《はくがい》された時《とき》に守《まも》ってくれたわけでもありません。念仏《ねんぶつ》の教《おし》えに対《たい》する執着《しゅうちゃく》も捨《す》てきることができなかった。それでも大聖人は、師匠《ししょう》を大切《たいせつ》にされた。本抄《ほんしょう》で、死《し》去《きょ》の報《ほう》を聞《き》いた時《とき》は、すぐ身延《みのぶ》から安房《あわ》に向《む》かい、墓前《ぼぜん》で追善《ついぜん》したかったと述《じゅつ》懐《かい》されているほどです。師弟《してい》とは、かくも崇高《すうこう》な絆《きずな》なのです。

## 「人間のための宗教《しゅうきょう》」の輝《かがや》き

ましてや広宣流布の正しき師匠《ししょう》とめぐりあい、人間革命と宿命転換《しゅくめいてんかん》のドラマを幾重《いくえ》にも織《お》り成《な》していく人生が、いかに気高《けだか》く、またいかに尊《とうと》いか。私たちは無上《むじょう》の人生劇《じんせいげき》を築《きず》いているのです。

師匠《ししょう》はどこまでも弟子《でし》の成長《せいちょう》を願《ねが》う。

弟子《でし》はどこまでも師匠《ししょう》への報恩《ほうおん》を誓《ちか》う。

師弟《してい》は人間の魂《たましい》の交響《こうきょう》の極致《きょくち》です。

大聖人は、この師弟《してい》の大道《だいどう》を教《おし》えられました。釈尊《しゃくそん》の仏法をどう正しく受《う》け継《つ》いでいくのか。学問《がくもん》の最初《さいしょ》の師匠《ししょう》に人として、どう報《むく》いていくのか。師弟《してい》に徹《てっ》するなかで、人間のための宗教《しゅうきょう》である仏法は、不滅《ふめつ》の輝《かがや》きを放《はな》っていきます。最高《さいこう》の人の振《ふ》る舞《ま》いである師弟《してい》の生《い》き方《かた》が、青年を照《て》らし、人類《じんるい》の境涯《きょうがい》を高《たか》め導《みちび》いていくのです。

## 万人救済《ばんにんきゅうさい》の大闘争《だいとうそう》

大聖人は、この「四恩《しおん》」に報《むく》いるために不惜身命《ふしゃくしんみょう》の闘争《とうそう》を貫《つらぬ》かれました。それは、別《べつ》の言《い》い方《かた》をすれば、万人《ばんにん》を成仏《じょうぶつ》させるという仏《ほとけ》の誓願《せいがん》の実現《じつげん》でもあると拝《はい》されます。

大聖人は、仏教《ぶっきょう》の真髄《しんずい》を探求《たんきゅう》された結論《けつろん》として、立宗宣言《りっしゅうせんげん》の時《とき》に、南無妙法蓮華経の題目を確立《かくりつ》されました。このことは、父母《ふぼ》や周囲《しゅうい》の人々への報恩《ほうおん》のため「日本第一の智者《ちしゃ》に」と誓願《せいがん》されたことが、法《ほう》の確立《かくりつ》という次元《じげん》で成就《じょうじゅ》されたといえるでしょう。

この仏法探求《たんきゅう》の成就《じょうじゅ》は、次《つぎ》に仏法弘通《ぐつう》の新《あら》たな旅立《たびだ》ちとなりました。法《ほう》を広《ひろ》めて人々を功徳《くどく》で潤《うるお》してこそ、真《しん》の誓願成就《せいがんじょうじゅ》となるからです。それゆえ、「報《ほう》恩抄《おんしょう》」で未来永劫《みらいえいごう》にわたって全民衆《ぜんみんしゅう》が救《すく》われる道《みち》が厳然《げんぜん》と開《ひら》かれたことを示《しめ》されているのです。

本抄《ほんしょう》では、末法《まっぽう》にあって、大聖人ただお一人が正義《せいぎ》を叫《さけ》ばれ、大難《だいなん》に次《つ》ぐ大《だい》難《なん》の中で不惜身命《ふしゃくしんみょう》の弘法《ぐほう》を貫《つらぬ》いてきた御自身《ごじしん》の行動《こうどう》が記《しる》されています。「修羅《しゅら》と帝釈《たいしゃく》と仏《ほとけ》と魔王《まおう》との合戦《かっせん》にも・を《劣》とるべからず」（御書三一三ページ）と言われたほどの忍難弘通《にんなんぐつう》の大闘争《だいとうそう》です。

「日本《にほん》六十六箇国《かこく》・嶋二《しまふたつ》の中《なか》に一日《いちにち》・片時《かたとき》も何《いず》れの所《ところ》に・すむべきやうもなし」（御書三二二ページ）という大難《だいなん》の中で、一切衆生《いっさいしゅじょう》への報恩《ほうおん》を貫《つらぬ》かれたのです。

そして遂《つい》に、大誓願《だいせいがん》を成就《じょうじゅ》したことが明《あ》かされた後《のち》、本抄《ほんしょう》の末尾《まつび》で大聖人は、「されば花《はな》は根《ね》にかへり真味《しんみ》は土《ど》にとどまる、此《こ》の功徳《くどく》は故道善房《こどうぜんぼう》の聖霊《しょうりょう》の御身《おんみ》にあつまるべし」（御書三二九ページ）と結《むす》ばれています。

妙法が末法万年《まっぽうまんねん》に流布《るふ》し、人々を潤《うるお》す功徳《くどく》が故《こ》・道善房《どうぜんぼう》の身《み》に集《あつ》まると仰《おお》せです。どれほどまでの大慈大悲《だいじだいひ》でしょうか。

道善房《どうぜんぼう》のような師匠《ししょう》をも、妙法の功徳《くどく》で救《すく》いきっていく道《みち》を示《しめ》されているのです。ここに、大聖人の誓願《せいがん》と一体《いったい》である「報恩《ほうおん》の道《みち》」の極意《ごくい》があると拝《はい》されます。

## 四恩抄《しおんしょう》

**御文**

（御書九三七ジペー十三行目～十四行目）

一切衆生《いっさいしゅじょう》なくば衆生《しゅじょう》無《む》辺《へん》誓願《せいがん》度《ど》の願《ねがい》を発《おこ》し難《がた》し、又悪人《またあくにん》無《な》くして菩薩《ぼさつ》に留難《るなん》をなさずばいかでか功徳《くどく》をば増長《ぞうちょう》せしめ候《そうろう》べき

## 現代語訳

一切衆生《いっさいしゅじょう》がいなければ、菩薩《ぼさつ》の四弘誓願《しぐせいがん》の一つである衆生無辺誓願度《しゅじょうむへんせいがんど》の願《ねが》いを発《おこ》すことは難《むずか》しい。また正法誹謗《しょうほうひぼう》の悪人《あくにん》がいなくて菩薩《ぼさつ》に留難《るなん》を加《くわ》えないなら、どうして功徳善根《くどくぜんこん》を増《ま》していくことができようか。

### 菩薩《ぼさつ》の誓願《せいがん》を学会員は実践《じっせん》

報恩《ほうおん》に関《かん》して、「四恩抄《しおんしょう》」の一節《いっせつ》も拝《はい》したい。

これまで確認《かくにん》してきたように、仏法の報恩《ほうおん》は、父母《ふぼ》をはじめ周囲《しゅうい》の人々、すなわち一切衆生《いっさいしゅじょう》に対《たい》する恩《おん》といえるでしょう。

「四恩抄《しおんしょう》」に「一切衆生《いっさいしゅじょう》なくば衆生無辺誓願度《しゅじょうむへんせいがんど》〈注10〉の願《ねがい》を発《おこ》し難《がた》し」と仰《おお》

せのように、恩《おん》ある一切衆生《いっさいしゅじょう》がいるからこそ、菩薩《ぼさつ》は衆生《しゅじょう》を限《かぎ》りなく救《すく》いきっていく誓《ちか》いを発《はっ》することができる。それゆえ、一切衆生《いっさいしゅじょう》に恩《おん》があるのです。

現代《げんだい》において、この菩薩《ぼさつ》の誓願《せいがん》である一切衆生《いっさいしゅじょう》を救《すく》いきる報恩《ほうおん》の実践《じっせん》をしているのが、私たち創価学会の一人一人です。

戸田先生はある時《とき》、しみじみと語《かた》られていました。

「牧口先生は、世界《せかい》の人が知《し》らない価値論《かちろん》と弟子《でし》を残《のこ》してあるとおっしゃって亡《な》くなった。その弟子《でし》として、悔《く》いのない戦《たたか》いをしなければならない」

牧口先生が残《のこ》された一番弟子《いちばんでし》として戸田先生は、師恩《しおん》に報《むく》いるために、先師《せんし》の偉大《いだい》なる価値論《かちろん》を世界《せかい》に広《ひろ》めようと悔《く》いなく尽力《じんりょく》されました。戸田先生は、牧口先生の没後《ぼつご》十年を期《き》して、『価値論《かちろん》』を自《みずか》ら補訂《ほてい》し、世界の大学、研究所《けんきゅうしょ》に寄贈《きぞう》されました。

私も、戸田先生が未来《みらい》のために構想《こうそう》されたことは、もれなく、わが生命《せいめい》に刻《きざ》みつけてきました。

## 戸田先生の夢《ゆめ》を実現《じつげん》

かつて、未来部《みらいぶ》の友《とも》から「池田先生の夢《ゆめ》は何《なん》ですか？」と質問《しつもん》された時《とき》には、「私の夢《ゆめ》は、戸田先生の夢《ゆめ》を実現《じつげん》することです」と答《こた》えました。それが世《せ》界平和《かいへいわ》、人類《じんるい》の宿命転換《しゅくめいてんかん》への直道《じきどう》だからです。

と同時《どうじ》に「皆《みな》さんが将来《しょうらい》、名実《めいじつ》ともに立派《りっぱ》な博士となり、指導者《しどうしゃ》になってもらいたい。それが最大《さいだい》の私の夢《ゆめ》です」とも語《かた》りました。

世界広布新時代《せかいこうふしんじだい》を迎《むか》えた今《いま》この時《とき》、全国《ぜんこく》、いな全世界《ぜんせかい》の若人《わこうど》たちが、この夢《ゆめ》を実現《じつげん》しようとしてくれています。

私はいつも、皆《みな》さんの勝利《しょうり》の様子《ようす》をうかがうたびに、戸田先生がほほ笑《え》まれているお顔《かお》が目に浮《う》かびます。報恩《ほうおん》は自分《じぶん》が受《う》けた恩恵《おんけい》を、次《つぎ》の世代《せだい》に贈《おく》ることによって完結《かんけつ》するからです。

## 「万年《まんねん》の外《ほか》・未来《みらい》までもなが《流布》るべし」

再《ふた》び「報恩抄《ほうおんしょう》」に戻《もど》って、大聖人が誓願成就《せいがんじょうじゅ》を示《しめ》されたあと、末法《まっぽう》広宣流布の大宣言《だいせんげん》をなされた不滅《ふめつ》の一節《いっせつ》を拝《はい》します。

すなわち「日蓮《にちれん》が慈悲曠大《じひこうだい》ならば南無妙法蓮華経は万年《まんねん》の外《ほか》・未来《みらい》までもなが《流布》るべし、日本国《にほんこく》の一切衆生《いっさいしゅじょう》の盲目《もうもく》をひらける功徳《くどく》あり」（御書三二九ページ）との仰《おお》せです。

日蓮大聖人が切《き》り開《ひら》かれた報恩即誓願《ほうおんそくせいがん》の成就《じょうじゅ》の大道《だいどう》——全人類《ぜんじんるい》の幸福実現《こうふくじつげん》のための広宣流布を、今《いま》まさに現実《げんじつ》のものとして展開《てんかい》しているのが創価学会です。今、世界の地涌《じゆ》の同志《どうし》の活躍《かつやく》によって、大聖人の大慈大悲《だいじだいひ》の陽光《ようこう》が地球《ちきゅう》を包《つつ》む時代になりました。

仏《ほとけ》の「慈悲曠大《じひこうだい》」を体現《たいげん》するゆえに「創価学会仏《ぶつ》」です。偉大《いだい》な仏《ほとけ》の力《ちから》と福《ふく》徳《とく》が、わが同志《どうし》の一人一人に漲《みなぎ》っていかないわけがありません。

であるからこそ、学会精神《せいしん》を、青年から青年へ脈動《みゃくどう》させ、万代《ばんだい》にまで流《なが》れ通《かよ》わせ、広宣流布の運動《うんどう》を永遠《えいえん》に継承《けいしょう》しゆく軌道《きどう》を確立《かくりつ》することが、今《いま》、最重要のテーマであります。仏意仏勅《ぶついぶっちょく》の教団《きょうだん》である創価学会の前進《ぜんしん》なくして、末法万年《まっぽうまんねん》にわたる日蓮仏法の世界《せかい》広宣流布はないからです。

創価の前進《ぜんしん》は、希望《きぼう》の光《ひかり》です。

創価の団結《だんけつ》は、勝利《しょうり》の力《ちから》です。

創価の凱歌《がいか》は、平和《へいわ》と繁栄《はんえい》の源《みなもと》です。

わが創価の報恩《ほうおん》の人生を、いやまして力強《ちからづよ》く歩《あゆ》み抜《ぬ》きましょう！　さあ、賑《にぎ》やかな新時代《しんじだい》の行進《こうしん》を世界《せかい》の友《とも》と！

## 〔注　解〕

〈注1〉【報恩抄《ほうおんしょう》】建治《けんじ》二年（一二七六年）七月、日蓮大聖人が身延《みのぶ》から安房国《あわのくに》（千葉県南部《なんぶ》）清《せい》澄寺《ちょうじ》の故師《こし》・道善房《どうぜんぼう》の追善供養《ついぜんくよう》のため、浄顕房《じょうけんぼう》・義浄房《ぎじょうぼう》のもとへ送られた書。真実の報恩《ほうおん》について明《あ》かされている。

〈注2〉【道善房《どうぜんぼう》】?～一二七六年。安房国《あわのくに》（千葉県南部《なんぶ》）清澄寺《せいちょうじ》の住僧《じゅうそう》。日蓮大聖人が出家《しゅっけ》された時《とき》の師《し》。建長《けんちょう》五年（一二五三年）に大聖人が立宗宣言《りっしゅうせんげん》された時《とき》は、念仏者《ねんぶつしゃ》で圧迫《あっぱく》を加《くわ》えてきた地頭《じとう》・東条景信《とうじょうかげのぶ》らに屈《くっ》し、大聖人を守《まも》ることができなかった。文永元年《ぶんえいがんねん》（一二六四年）の小松原《こまつばら》の法難《ほうなん》の直後《ちょくご》に大聖人を見舞《みま》ったが、その時《とき》、道善房《どうぜんぼう》は大聖人に対《たい》して成仏《じょうぶつ》できるかどうかを質問《しつもん》した。それに対《たい》して大聖人は、念仏《ねんぶつ》を破折《はしゃく》され、正法《しょうほう》への帰依《きえ》を勧《すす》められた。その後《ご》、道善房《どうぜんぼう》は少《すこ》し信心を起《お》こしたようだが、改宗《かいしゅう》にまで至《いた》らずに一生を終《お》えた。

〈注3〉【浄顕房《じょうけんぼう》と義浄房《ぎじょうぼう》】ともに清澄寺《せいちょうじ》の住僧《じゅうそう》で日蓮大聖人が幼少《ようしょう》の時《とき》に修学《しゅうがく》を支《ささ》えた。大聖人が立宗《りっしゅう》された折《おり》には地頭《じとう》・東条景信《とうじょうかげのぶ》の迫害《はくがい》から大聖人をお守《まも》りし、大聖人の教《おし》えに従《したが》い弟《で》子《し》となった。

〈注4〉【老狐《ろうこ》】年老《としお》いた狐《きつね》。狐《きつね》は、自《みずか》らが生まれた丘《おか》（塚《つか》）を忘《わす》れず、死《し》ぬときは古巣《ふるす》のある丘《おか》の方《ほう》へ頭《あたま》を向《む》けるという中国の故事《こじ》。

〈注5〉【白亀《はくき》】中国の故事《こじ》。毛宝《もうほう》という武将《ぶしょう》が、漁師《りょうし》がつり上げた亀《かめ》を哀《あわ》れに思《おも》い、買《か》い取《と》って放《はな》してやった。それから十年余《あま》りの後《のち》、戦《たたか》いに敗《やぶ》れて川に身《み》を投《とう》じた毛宝《もうほう》を、かつて助《たす》けた亀《かめ》が救《すく》ったという。

〈注6〉【予譲《よじょう》】中国、春秋《しゅんじゅう》・戦国時代《せんごくじだい》の人。恩《おん》ある主君《しゅくん》・智伯《ちはく》の仇討《あだう》ちのため姿《すがた》や声《こえ》を変《か》えて別《べつ》人《じん》になりすまし、仇《あだ》を討《う》とうとしたが見破《みやぶ》られ、剣《つるぎ》に伏《ふ》して死《し》んだとされる。

〈注7〉【弘演《こうえん》】中国・春秋時代《しゅんじゅうじだい》の人。使者《ししゃ》として国外《こくがい》にいる間《あいだ》に主君《しゅくん》・懿公《いこう》が殺《ころ》され、その肝臓《かんぞう》だけが捨《す》て置《お》かれていた。弘演《こうえん》は天を仰《あお》いで号泣《ごうきゅう》し、自《みずか》らの腹《はら》を割《さ》き、主君《しゅくん》の肝臓《かんぞう》を自分《じぶん》の腹《はら》に隠《かく》して死《し》んだという。

〈注8〉【比干《ひかん》】中国・殷《いん》の人。悪逆《あくぎゃく》の限《かぎ》りを尽《つ》くす紂王《ちゅうおう》に対《たい》して、王のおじにあたる王子の比干《ひかん》が強《つよ》く諫《いさ》めた。そのために胸《むね》を割《さ》いて殺《ころ》された。

〈注9〉【四恩抄《しおんしょう》】弘長《こうちょう》二年（一二六二年）一月十六日に認《したた》められ、流罪《るざい》の地《ち》・伊豆《いず》から、安房国《あわのくに》東条郷《とうじょうのごう》の門下《もんか》・工藤殿《くどうどの》（工藤吉隆《くどうよしたか》と伝承《でんしょう》される）に与《あた》えられたとされるお手紙《てがみ》。大聖人を法華経の予言通《よげんどお》り流罪《るざい》にした者《もの》に、法華経を身読《しんどく》させてくれる者《もの》として恩《おん》を感《かん》じられ、真《しん》実《じつ》の報恩《ほうおん》の道《みち》を説《と》かれている。

〈注10〉【衆生無辺誓願度《しゅじょうむへんせいがんど》】「衆生《しゅじょう》の無辺《むへん》なるを度《ど》せんと誓願《せいがん》す」と読《よ》む。一切《いっさい》の衆生《しゅじょう》をすべて仏《ほとけ》にしようと誓《ちか》うこと。四弘誓願《しぐせいがん》（衆生無辺誓願度《しゅじょうむへんせいがんど》・煩悩無量誓願断《ぼんのうむりょうせいがんだん》・法門無尽誓願知《ほうもんむじんせいがんち》・無《む》上仏道誓願成《じょうぶつどうせいがんじょう》）の一つ。

# 本因妙《ほんいんみょう》——今日《きょう》も「いよいよ」の精神《せいしん》で進《すす》み勝《か》て！

「日に日に新《あら》たに、また日に新《あら》たなり」——この中国《ちゅうごく》の箴言《しんげん》（『大学』〈注1〉）は、創立《そうりつ》の父《ちち》・牧口常三郎《つねさぶろう》先生の座右《ざゆう》の銘《めい》です。

かつて私も、この言葉《ことば》を掲《かか》げ、新鮮《しんせん》なる一日、また一日をと、断固《だんこ》と誓《ちか》い、皆《みな》と一緒《いっしょ》に、新春《しんしゅん》をスタートをしたことがあります。古希《こき》（七十歳）を迎《むか》えた年、随筆《ずいひつ》の連載《れんさい》を始《はじ》めた時でした。

私たちは、日々、毎朝《まいあさ》、生命《せいめい》を刷新《さっしん》し、胸中《きょうちゅう》に黄金《おうごん》の太陽《たいよう》を昇《のぼ》らせ、自身《じしん》の新《あら》たな夜明《よあ》けを迎《むか》えているのです。

「新《あたら》しき誓願《せいがん》」こそ、「新《あたら》しき未来」へ力強《ちからづよ》く前進する原動力《げんどうりょく》だからです。

私たちは「日に日に新《あら》たに」との清新《せいしん》な決意《けつい》で、全国《ぜんこく》、また全世界《ぜんせかい》の同志《どうし》と共《とも》に、いよいよ、世界《せかい》広布の新時代へ本格的《ほんかくてき》な大前進《だいぜんしん》を開始《かいし》したいと思います。

## 恩師《おんし》の「三妙合論《さんみょうごうろん》」の講義《こうぎ》

忘《わす》れられない恩師《おんし》・戸田城聖《じょうせい》先生の講義《こうぎ》があります。

それは、一九五八年（昭和三十三年）の元旦《がんたん》のことでした。前年秋《ぜんねんあき》に体調《たいちょう》を崩《くず》して静養《せいよう》されていた先生が、学会本部においでくださったのです。お元気《げんき》な姿《すがた》に、ご自宅《じたく》からお供《とも》した私も欣喜雀躍《きんきじゃくやく》したことをよく覚《おぼ》えています。

この時、先生は、新年《しんねん》の勤行《ごんぎょう》を終《お》えると、参加者《さんかしゃ》の方《ほう》に向《む》き直《なお》り、甚深《じんじん》なる仏法の奥義《おうぎ》を語《かた》り始《はじ》められました。

講義《こうぎ》のテーマは「三妙合論《さんみょうごうろん》」でした。

三妙《さんみょう》とは、「本因妙《ほんいんみょう》」「本果妙《ほんがみょう》」「本国土妙《ほんこくどみょう》」です。すなわち、釈尊《しゃくそん》の久遠成《くおんじょう》仏《ぶつ》の「本因《ほんいん》（根本《こんぽん》の因《いん》）」が妙《みょう》であり、その成就《じょうじゅ》した仏《ほとけ》の境涯《きょうがい》の「本果《ほんが》（根本《こんぽん》の果《か》）」が妙《みょう》であり、その仏《ほとけ》が居住《きょじゅう》する「本国土《ほんこくど》（根本《こんぽん》の国土《こくど》）」が妙《みょう》であるということです。この三つが法華経寿量品《じゅりょうほん》に合《あ》わせて説《と》かれているということが三妙《さんみょう》合論《ごうろん》です〈注2〉。

## どこまでも現実《げんじつ》の娑婆世界《しゃばせかい》で戦《たたか》う

先《さき》に「本果妙《ほんがみょう》」について言えば、寿量品《じゅりょうほん》の「如是我成仏已来《にょぜがじょうぶついらい》、甚大久遠《じんだいくおん》（是《か》くの如《ごと》く我《われ》は成仏《じょうぶつ》してより已来《このかた》、甚《はなは》だ大《おお》いに久遠《くおん》なり）」（法華経四八二㌻）という経文《きょうもん》が依文《えもん》です。

釈尊《しゃくそん》が成就《じょうじゅ》した仏果《ぶっか》――仏《ほとけ》の大境涯《だいきょうがい》が永遠《えいえん》であることを示《しめ》しています。

次《つぎ》に「本国土妙《ほんこくどみょう》」は「我常在此娑婆世界《がじょうざいししゃばせかい》、説法教化《せっぽうきょうけ》（我《われ》は常《つね》に此《こ》の娑婆世界《しゃばせかい》に在《あ》って、説法教化《せっぽうきょうけ》す）」（法華経四七九㌻）が依文《えもん》です。

この文《もん》について、戸田先生はこう強調《きょうちょう》されていました。「仏《ほとけ》は現実《げんじつ》の世界以《せかいい》外《がい》には、いらっしゃらないということです。五濁《ごじょく》〈注3〉悪世《あくせ》の世《よ》の中《なか》にいてこそ、真実《しんじつ》の仏《ほとけ》なのであります」と。仏《ほとけ》は成道後《じょうどうご》も、この娑婆世界《しゃばせかい》にいるという画期的《かっきてき》な宣言《せんげん》です。

そして、私たちにとって重要《じゅうよう》な「本因妙《ほんいんみょう》」の依文《えもん》が、「我本行菩薩道《がほんぎょうぼさつどう》、所成《しょじょう》寿命《じゅみょう》、今猶未尽《こんゆみじん》、復倍上数《ぶばいじょうしゅ》（我《われ》は本《もと》菩薩《ぼさつ》の道《どう》を行《ぎょう》じて、成《じょう》ぜし所《ところ》の寿命《じゅみょう》は、今猶《いまなお》未《いま》だ尽《つ》きず、復《また》上《かみ》の数《かず》に倍《ばい》せり）」（法華経四八二ジペー）です。

この経文《きょうもん》には、久遠《くおん》の釈尊《しゃくそん》が成道《じょうどう》した「本因《ほんいん》」（根本《こんぽん》の修行《しゅぎょう》）が明《あ》かされています。

## 大聖人は「本因《ほんいん》の菩薩道《ぼさつどう》」の行動《こうどう》

戸田先生は、この深義《じんぎ》を踏《ふ》まえ、末法《まっぽう》の御本仏《ごほんぶつ》・日蓮大聖人が、どこまでも凡夫《ぼんぷ》の姿《すがた》のまま、この現実世界《げんじつせかい》で民衆《みんしゅう》と共《とも》に戦《たたか》われた振《ふ》る舞《ま》いについて講義《こうぎ》されました。

「大聖人は、御内証《ごないしょう》は御本仏《ごほんぶつ》でありますが、仏自体《ほとけじたい》の立派《りっぱ》な姿《すがた》を現《あらわ》されることはなく、凡夫《ぼんぷ》の立場《たちば》で、仏《ほとけ》になる本因《ほんいん》の菩薩道《ぼさつどう》を説《と》き、行《ぎょう》じられた。ゆえに、大聖人は、本因《ほんいん》の仏《ほとけ》となります。

御書のどこを拝《はい》しても、大聖人は、〝私は、既《すで》に仏《ほとけ》なのだから、みんなを救《すく》ってやろう〟などとは、おっしゃっておりません。大聖人が生まれながらにして御本仏《ごほんぶつ》の体《たい》を現《あらわ》し、御本仏《ごほんぶつ》の行《ぎょう》を行《ぎょう》じられたとしたならば、それは菩薩道《ぼさつどう》ではなくなってしまう」

## 地涌《じゆ》の実践《じっせん》こそ、学会の精髄《せいずい》

なぜ、元旦《がんたん》のこの時《とき》、戸田先生が三妙合論《さんみょうごうろん》を講義《こうぎ》してくださったのか。多《おお》くの参加者《さんかしゃ》は、その真意《しんい》を測《はか》りかねていました。

しかし私は、先生の講義《こうぎ》を聴《き》き、宿縁深《しゅくえんふか》くして創価の師弟《してい》が本因妙《ほんいんみょう》の仏法を行《ぎょう》じている意義《いぎ》を思索《しさく》する中で、思《おも》い至《いた》りました。

これは、〝本因妙《ほんいんみょう》の精神《せいしん》で、生死《しょうじ》を超《こ》えて、永遠《えいえん》に妙法流布の指揮《しき》を執《と》る。地涌《じゆ》の菩薩《ぼさつ》として師弟不二《していふに》で戦《たたか》い続《つづ》ける！ そして、この娑婆世界《しゃばせかい》を仏国土《ぶっこくど》に転《てん》じていくのだ！〟との、わが師匠《ししょう》の闘争宣言《とうそうせんげん》ではないか――と。

本因妙《ほんいんみょう》の仏《ほとけ》は、成仏《じょうぶつ》の根本因《こんぽんいん》である菩薩行《ぼさつぎょう》、言《い》い換《か》えれば南無妙法蓮華経の大法《だいほう》の「下種《げしゅ》」の実践《じっせん》を続《つづ》け、苦悩渦巻《くのううずま》く娑婆世界《しゃばせかい》で、民衆《みんしゅう》の幸福《こうふく》のために永《えい》遠《えん》に戦《たたか》い、働《はたら》くのです。

創価学会の根本的使命《こんぽんてきしめい》もまた、この菩薩行《ぼさつぎょう》の実践《じっせん》にあります。まさしく学会員こそが、大聖人の門下《もんか》として、妙法広布の道《みち》を現実社会《げんじつしゃかい》での激闘《げきとう》によって切《き》り開《ひら》いてきたのです。

そこで、わが創価の師弟《してい》の行動《こうどう》、尊《とうと》き地涌《じゆ》の同志《どうし》の行動《こうどう》に脈打《みゃくう》つ、「本因《ほんいん》妙《みょう》」の精神《せいしん》を共々《ともども》に学んでいきたいと思います。

## 御義口伝《おんぎくでん》

**御文**

（御書七六八ジペー一行目〜三行目）

第二十《だい》　我本行菩薩道《がほんぎょうぼさつどう》の文礼拝住処《もんらいはいじゅうしょ》の事《こと》

御義口伝《おんぎくでん》に云《いわ》く我《が》とは本因妙《ほんいんみょう》の時《とき》を指《さ》すなり、本行菩薩道《ほんぎょうぼさつどう》の文《もん》は不軽菩薩《ふきょうぼさつ》なり此《こ》れを礼拝《らいはい》の住処《じゅうしょ》と指《さ》すなり

**現代語訳**

寿量品第十六《じゅりょうほんだい》の「我《われ》は本菩薩《もとぼさつ》の道《どう》を行《ぎょう》ず」の文《もん》を、不軽菩薩《ふきょうぼさつ》の礼拝《らいはい》のよりどころとすることについて、御義口伝《おんぎくでん》には、次《つぎ》のように仰《おお》せで

ある。「我《われ》」とは、仏《ほとけ》の本因妙《ほんいんみょう》の時《とき》を指《さ》す。「本菩薩《もとぼさつ》の道《どう》を行《ぎょう》ず」の文《もん》は、不軽菩薩《ふきょうぼさつ》の振《ふ》る舞《ま》いを言《い》う。ゆえに「我本行菩薩道《がほんぎょうぼさつどう》」の文《もん》を、不軽菩薩《ふきょうぼさつ》の礼拝《らいはい》のよりどころとするのである。

## 不軽《ふきょう》の礼拝行《らいはいぎょう》が成仏《じょうぶつ》の根本因《こんぽんいん》

「御義口伝《おんぎくでん》」の「常不軽品三十箇《じょうふきょうぼんかかか》の大事《だいじ》」の一節《いっせつ》です。「礼拝住処《らいはいじゅうしょ》」というのは、不軽菩薩《ふきょうぼさつ》が万人《ばんにん》を尊敬《そんけい》し礼拝《らいはい》するのはなぜなのか、その法理上《ほうりじょう》のよりどころです。

「我《われ》は本菩薩《もとぼさつ》の道《どう》を行《ぎょう》ず」の文は、先ほど紹介《しょうかい》した通《とお》り、「本因妙《ほんいんみょう》」を表《あらわ》す依文《えもん》です。

法華経では、久遠実成《くおんじつじょう》を示《しめ》した釈尊自身《しゃくそんじしん》の過去世《かこせ》の修行《しゅぎょう》が明《あ》かされているのは不軽品《ふきょうぼん》だけです。そこから不軽《ふきょう》の実践《じっせん》こそが、釈尊《しゃくそん》の久遠成道《くおんじょうどう》の根本原因《こんぽんげんいん》となった修行《しゅぎょう》であったと考《かんが》えられます。

## 人間尊敬《そんけい》を貫《つらぬ》く「人の振《ふ》る舞《ま》い」

それゆえ、「御義口伝《おんぎくでん》」のこの一節《いっせつ》は、釈尊《しゃくそん》が五百塵点劫《ごひゃくじんてんごう》の久遠《くおん》の当初《とうしょ》に行《おこな》った本因《ほんいん》の修行《しゅぎょう》とは、具体的《ぐたいてき》には、不軽菩薩《ふきょうぼさつ》が万人《ばんにん》に具《そな》わる仏性《ぶっしょう》を信《しん》じ、人々を礼拝《らいはい》した振《ふ》る舞《ま》いと同《おな》じであるとの仰《おお》せと拝《はい》することができましょう。

まことに重大《じゅうだい》な御指南《ごしなん》です。

「人を敬《うやま》う振《ふ》る舞《ま》い」こそが、万人成仏《ばんにんじょうぶつ》の法《ほう》の実践《じっせん》であり、成仏《じょうぶつ》の「根本《こんぽん》因《いん》」となります。すなわち、私たちにとって、成仏《じょうぶつ》の本因《ほんいん》の法《ほう》である妙法の実《じっ》践《せん》の上で、不軽菩薩《ふきょうぼさつ》の修行《しゅぎょう》と同《おな》じ「人を敬《うやま》う振《ふ》る舞《ま》い」の行動《こうどう》が最重要《さいじゅうよう》であるということです。

大聖人は、「崇峻天皇御書《すしゅんてんのうごしょ》」で、不軽菩薩《ふきょうぼさつ》が示した「人《ひと》を敬《うやま》う振《ふ》る舞《ま》い」こそが釈尊《しゃくそん》の出世《しゅっせ》の本懐《ほんかい》であると仰《おお》せられました。あらためて、その重々《じゅうじゅう》の意義《いぎ》が拝《はい》されます。

万人《ばんにん》に具《そな》わる仏性《ぶっしょう》の開覚《かいかく》を願《ねが》う、不軽菩薩《ふきょうぼさつ》の「人を敬《うやま》う」修行《しゅぎょう》を離《はな》れては、成仏《じょうぶつ》の「根本《こんぽん》の因《いん》（本因《ほんいん》＝仏因《ぶついん》）」も、成就《じょうじゅ》する「仏《ほとけ》の境涯《きょうがい》（本果《ほんが》＝仏果《ぶっか》）」もありません。

## 現在《げんざい》は未来《みらい》を創造《そうぞう》する起点《きてん》

ここで、大聖人が示《しめ》された、「過去《かこ》の因《いん》を知《し》らんと欲《ほっ》せば其《そ》の現在《げんざい》の果《か》を見よ未来《みらい》の果《か》を知《し》らんと欲《ほっ》せば其《そ》の現在《げんざい》の因《いん》を見よ」（御書二三一ジー）との経文《きょうもん》の一節《いっせつ》を確認《かくにん》しておきたい。

この文《もん》の焦点《しょうてん》は「現在《げんざい》」にあります。

現在《げんざい》の姿《すがた》を、過去《かこ》の因《いん》から必然的《ひつぜんてき》な結果《けっか》として捉《とら》えれば、現在《げんざい》は過去《かこ》に規定《きてい》されています。たしかに現在《げんざい》は過去《かこ》を映《うつ》す鏡《かがみ》です。しかし、同時《どうじ》に、現在《げんざい》は未《み》来《らい》への起点《きてん》であり、新《あら》たな未来《みらい》を創造《そうぞう》する動因《どういん》なのです。この「現在《げんざい》」を「因《いん》」と捉《とら》えていく転換《てんかん》が重要《じゅうよう》です。

「本因妙《ほんいんみょう》」とは、経文上《きょうもんじょう》は、久遠《くおん》の過去《かこ》における成仏《じょうぶつ》の根本因《こんぽんいん》を指《さ》していますす。しかし、日蓮仏法では、釈尊《しゃくそん》が久遠《くおん》の過去《かこ》に仏《ほとけ》となった本因《ほんいん》たる妙法そのものを、現在《げんざい》にそのまま実践《じっせん》します。ゆえに、「本因妙《ほんいんみょう》の仏法」では、久遠《くおん》をそのまま末法《まっぽう》の「現在《げんざい》」に移《うつ》すのです。今《いま》この瞬間瞬間《しゅんかんしゅんかん》に、久遠《くおん》の菩薩道《ぼさつどう》の実《じっ》践《せん》を新《あら》たに始《はじ》めていくのです。

したがって、私たちは、常《つね》に、一切《いっさい》を動《うご》かす本源《ほんげん》の出発点《しゅっぱつてん》に立ち、仏《ほとけ》の大生《だいせい》命力《めいりょく》を涌現《ゆげん》し、「今《いま》、ここから」、わが人生、わが生活《せいかつ》をダイナミックに変《か》えていけるのです。

これが、本因妙《ほんいんみょう》の信心の息吹《いぶき》です。

## どこまでも「今《いま》」の一瞬《いっしゅん》を大切《たいせつ》に

仏教《ぶっきょう》に深《ふか》く心《こころ》を寄《よ》せていた、ロシアの文豪《ぶんごう》・トルストイは、「真《しん》の生活《せいかつ》」の在《あ》り処《か》を、こう語《かた》りました。

「過去《かこ》はすでに無《な》いものだし、未来《みらい》はまだ来《こ》ないものである」

「時間《じかん》は存在《そんざい》しない。存在《そんざい》するのはただ現在《げんざい》の、この瞬間《しゅんかん》だけである。それゆえわれわれてそこに、その瞬間《しゅんかん》に、われわれの全生活《ぜんせいかつ》は存在《そんざい》するのだ。そしてわれわれは、この一瞬間《いちしゅんかん》に自己《じこ》の全力《ぜんりょく》を傾注《けいちゅう》しなければならない」〈注4〉

深《ふか》い洞察《どうさつ》です。「この一瞬間《いちしゅんかん》に自己《じこ》の全力《ぜんりょく》を傾注《けいちゅう》」せよとの言葉《ことば》は、深《ふか》く共感《きょうかん》できます。

釈尊自身《しゃくそんじしん》、「現在《げんざい》」を、そして「今日《きょう》」を、大切《たいせつ》に生《い》き抜《ぬ》けと弟子《でし》たちに教《おし》えました。

「過《す》ぎ去《さ》れるを追《お》うことなかれ。
いまだ来《き》たらざるを念《ねが》うことなかれ」

「ただ今日《きょう》まさに作《な》すべきことを熱心《ねっしん》になせ」と。〈注5〉

「今《いま》」を勝《か》ってこそ、未来の勝利《しょうり》、三世永遠《さんぜえいえん》の勝利《しょうり》の道《みち》が開《ひら》かれるのです。

## 椎地四郎殿御書《しいじしろうどのごしょ》

御文

（御書一四四八ジペー一行目〜三行目）

此《これ》につけても・いよいよ・はげ《励》まして法華経《ほけきょう》の功徳《くどく》を得《え》給《たも》うべし、師曠《しこう》が耳《みみ》・離婁《りろう》が眼《め》のやうに聞見《ききみ》させ給《たま》へ、末法《まっぽう》には法華経《ほけきょう》の行者必《ぎょうじゃかなら》ず出来《しゅったい》すべし、但《ただ》し大難来《だいなんきた》りなば強盛《ごうじょう》の信心弥弥悦《しんじんいよいよよろこ》びをなすべし

**現代語訳**

これにつけても、いよいよ励《はげ》んで法華経の功徳《くどく》を得《え》るべきである。(これからも)「師曠《しこう》の耳」のように聞《き》き、「離婁《りろう》の眼《め》」のように見ていきなさい。

末法《まっぽう》には法華経の行者《ぎょうじゃ》が必《かなら》ず出現《しゅつげん》する。ただし、大難《だいなん》が来《き》た時《とき》には、強盛《ごうじょう》の信心《しんじん》で、いよいよ喜《よろこ》んでいくべきである。

## 常《つね》に「いよいよ」の信心《しんじん》で

「いよいよ・はげ《励》まして」です。

「弥弥《いよいよ》悦《よろこ》びをなすべし」です。

大聖人は、常々《つねづね》、門下《もんか》に、〝いよいよ〟〝これから〟の信心《しんじん》の姿勢《しせい》を強調《きょうちょう》されています。

この「椎地四郎殿御書《しいじしろうどのごしょ》」〈注6〉では、具体的《ぐたいてき》な事柄《ことがら》はわかりませんが、大聖人に椎地四郎《しいじしろう》が何《なに》か重要《じゅうよう》な情報《じょうほう》を報告《ほうこく》したようです。それを受《う》けて、大聖人御自身《ごじしん》でも確認《かくにん》されたところ、まさしく椎地四郎《しいじしろう》が伝《つた》えてきた通《とお》りであった、と賞讃《しょうさん》されているのです。

そして、この真剣《しんけん》な行動《こうどう》を新《あら》たな起点《きてん》として一段《いちだん》と信心《しんじん》に励《はげ》み、さらに大いに功徳《くどく》を受《う》け切《き》っていきなさいと仰《おお》せです。

## 戦《たたか》い続《つづ》ける「本因妙《ほんいんみょう》の精神《せいしん》」

佐渡流罪《さどるざい》の渦中《かちゅう》に認《したた》められた「開目抄《かいもくしょう》」「佐渡御書《さどごしょ》」等《とう》の諸御抄《しょごしょう》に示《しめ》されている通《とお》り、妙法弘通《ぐつう》の「法華経の行者《ぎょうじゃ》」には、必《かなら》ず大難《だいなん》が起《お》こる。しかし、この大難《だいなん》を身《み》に受《う》けながら「師子王《ししおう》の如《ごと》くなる心《こころ》」（御書九五七ジペー）で恐《おそ》れなく戦《たたか》い切《き》ることによって、一切《いっさい》の罪業《ざいごう》も消《け》し去《さ》って「必《かなら》ず仏《ほとけ》になる」（同）のです。

大難《だいなん》の烈風《れっぷう》にも、朗《ほが》らかに前《まえ》を向《む》き、喜《よろこ》び勇《いさ》んで打《う》ち返《かえ》し、攻《せ》め返《かえ》していくのです。「師子王《ししおう》の如《ごと》くなる心《こころ》」を持《も》つ人には、いかなる逆境《ぎゃっきょう》にも希望《きぼう》を創《つく》り広《ひろ》げていく「勇気《ゆうき》」が具《そな》わっています。一切《いっさい》を乗《の》り越《こ》え、重《おも》い宿命《しゅくめい》の鉄鎖《てっさ》をも断《た》ち切《き》る「智慧《ちえ》」が湧《わ》きます。何《なに》ものにも負《ま》けない「力《ちから》」があるのです。この絶対《ぜったい》の確信《かくしん》が「本因妙《ほんいんみょう》」の精神《せいしん》です。

事実《じじつ》、わが同志《どうし》は、人生の苦難《くなん》に直面《ちょくめん》するたびに、「今《いま》こそ成長《せいちょう》の時《とき》だ！」「宿命転換《しゅくめいてんかん》のチャンスだ！」と、いよいよ「強盛《ごうじょう》の信心」を燃《も》え上《あ》がらせ、一つ一つ、難《なん》を克服《こくふく》しながら、たくましく人生の道《みち》を歩《あゆ》み、希望《きぼう》の未来《みらい》を切《き》り開《ひら》いてきたではありませんか。

## 従来《じゅうらい》の「宿命論《しゅくめいろん》」を打《う》ち破《やぶ》る

私は、「本因妙《ほんいんみょう》」の哲学《てつがく》は、言《い》うならば、宿命転換《しゅくめいてんかん》を可能《かのう》にする思想的源泉《しそうてきげんせん》であり、人間の真《しん》の自由《じゆう》を勝《か》ち開《ひら》く基盤《きばん》であると思ってきました。

いわゆる「宿命論《しゅくめいろん》」というものは、〝過去《かこ》が現在《げんざい》を決定《けってい》し支配《しはい》する〟という思考《しこう》と言《い》ってよいでしょう。それでは、どうしても過去《かこ》に囚《とら》われ、過去《かこ》に縛《しば》られた後《うし》ろ向《む》きの生《い》き方《かた》にならざるをえません。

また、「どうせ自分《じぶん》は駄目《だめ》だ」と無力感《むりょくかん》に苛《さいな》まれる場合《ばあい》もあります。「宿命《しゅくめい》だから」「自分《じぶん》は宿業《しゅくごう》が深《ふか》いから」という、あきらめの人生にもなりかねない。

## 「宿命転換《しゅくめいてんかん》」即《そく》「人間革命」

しかし、私たちは、宿命《しゅくめい》を使命《しめい》に変《か》えるという「宿命転換《しゅくめいてんかん》」即《そく》「人間革命」の大哲理《だいてつり》を持《も》っています。それは、過去《かこ》に呪縛《じゅばく》されるのではなく、過去《かこ》は受《う》け継《つ》ぎつつも、それでもなお、自《みずか》らの一念《いちねん》の変革《へんかく》でその意味《いみ》を変《か》え、自身《じしん》の行動《こうどう》で価値《かち》を創造《そうぞう》し、現在《げんざい》のこの瞬間《しゅんかん》から、新《あら》たな人生を断固《だんこ》として切《き》り開《ひら》くことを可能《かのう》にする哲学《てつがく》です。

今日から明日へ、永遠《えいえん》の前進《ぜんしん》であり、「未来《みらい》」へのたゆみなき挑戦《ちょうせん》――これが「本因妙《ほんいんみょう》」の生《い》き方《かた》です。

大聖人は、「常《つね》の因果《いんが》」（御書九六〇ジペー）〈注7〉に囚《とら》われた受動的《じゅどうてき》な生《せい》に対《たい》し、「日蓮《にちれん》は此因果《このいんが》にはあらず」（同）と断言《だんげん》されています。根本的《こんぽんてき》に宿命《しゅくめい》を転換《てんかん》していくためには、どうすればよいか。「法華経の行者《ぎょうじゃ》」として、広宣流布の大《だい》願《がん》に戦《たたか》い抜《ぬ》くことです。御本仏《ごほんぶつ》は、大難《だいなん》が競《きそ》い起《お》こる中で、この手本《てほん》を、身《み》をもって示《しめ》してくださいました。我《われ》ら創価の師弟《してい》は、この大聖人の直系《ちょっけい》の弟子《でし》なのです。

## 御書の一節《いっせつ》を勝利《しょうり》への源泉《げんせん》に

それは、一九八一年（昭和五十六年）の晩秋《ばんしゅう》のことでした。第一次宗門事件《しゅうもんじけん》の嵐《あらし》の中、私は大切な同志《どうし》を守《まも》るために、束縛《そくばく》の鉄鎖《てっさ》を断《た》ち切《き》る反転攻勢《はんてんこうせい》の戦《たたか》いを開始《かいし》しました。

第三回関西総会に出席《しゅっせき》した際《さい》、わが〝常勝《じょうしょう》関西〟の同志《どうし》と一緒《いっしょ》に拝《はい》した御文《ごもん》の一つが、「椎地四郎殿御書《しいじしろうどのごしょ》」の一節《いっせつ》です。
「但《ただ》し大難来《だいなんきた》りなば強盛《ごうじょう》の信心弥弥悦《しんじんいよいよよろこ》びをなすべし」
これまでも大難《だいなん》の嵐《あらし》を突《つ》き抜《ぬ》け、勝《か》ち越《こ》えてきた関西の不二《ふに》の同志《どうし》です。皆《みな》の顔は紅潮《こうちょう》し、目は輝《かがや》き、場内《じょうない》には「やらんかな」の息吹《いぶき》がみなぎっていきました。

関西の歌「常勝《じょうしょう》の空」の大合唱に続《つづ》いて、私は扇《おうぎ》を手に立《た》ち上《あ》がりました。

歌は「嗚呼《ああ》黎明《れいめい》は近《ちか》づけり」です。

暗澹《あんたん》たる悪戦苦闘《あくせんくとう》の月々日々を突《つ》き抜《ぬ》け、いよいよ黎明《れいめい》の朝《あさ》は来《き》た！

今こそ、正義《せいぎ》の太陽《たいよう》が輝《かがや》く新時代《しんじだい》を開《ひら》くのだ！

この日、この時、わが関西の同志《どうし》は決然《けつぜん》と総立《そうだ》ちになったのです。

これもまた、創価の師弟《してい》が共々《ともども》に織《お》りなしてきた、忘《わす》れ得《え》ぬ「本因妙《ほんいんみょう》」の精《せい》神《しん》のドラマでありました。

## 「これから何《なに》をするつもりなのか」

以前《いぜん》、アメリカの著名《ちょめい》な教育哲学者《きょういくてつがくしゃ》のラリー・ヒックマン博士〈注8〉が、こんな逸話《いつわ》を紹介《しょうかい》してくださいました。

――アメリカの西部開拓時代《せいぶかいたくじだい》、その最前線《さいぜんせん》の町《まち》にやって来《き》た旅人《たびびと》に対《たい》して、最初《さいしょ》に向《む》けられる質問《しつもん》は、「どこから来たか？」ではない。「これからどこへ行くのか、何《なに》をするつもりなのか？」という問《と》いであった、と。

その旅人《たびびと》は、ただ成功《せいこう》を夢見《ゆめみ》て来ただけとは限《かぎ》らない。もう一度《いちど》やり直《なお》すため、あるいは過去《かこ》を埋《う》め合《あ》わせるために来たのかもしれない。しかし、ここフロンティア（開拓最前線《かいたくさいぜんせん》）にあっては、「今、これから何《なに》をするのか」こそが、最大《さいだい》の関心事《かんしんじ》であったのです。

今この瞬間《しゅんかん》から、再《ふたた》びチャンスを開《ひら》く。新《あら》たなチャレンジを始《はじ》める。このように、どんな苦難《くなん》に突《つ》き当《あ》たろうとも、「負《ま》けじ魂《だましい》」を燃《も》やして立《た》ち上《あ》がるのが、創価の勇者《ゆうしゃ》です。その胸《むね》に脈打《みゃくう》っているのが、「いまだこりず候《そうろう》」〈御書一〇五六ページ）との御聖訓《ごせいくん》に連《つら》なる不撓不屈《ふとうふくつ》の学会精神《せいしん》です。

## 大満足《だいまんぞく》の人生勝利《しょうり》の「物語《ものがたり》」を

いかなる人の人生も、自分自身《じぶんじしん》の「物語《ものがたり》」を書《か》きつづっているのではないでしょうか。

他《ほか》の誰《だれ》のでもない、自分《じぶん》の物語《ものがたり》です。どんなことから書《か》き始《はじ》めるか、どんな波瀾万丈《はらんばんじょう》の筋書《すじが》きにするか、どういう逆転劇《ぎゃくてんげき》を描《えが》くか、一切《いっさい》を自分《じぶん》で決《き》めていくのです。

大聖人は池上兄弟《いけがみきょうだい》に、今《いま》、兄弟《きょうだい》が団結《だんけつ》して苦難《くなん》を乗《の》り越《こ》えゆく姿《すがた》を、「未来《みらい》までの・ものがたり《物語》」（御書一〇八六ページ）と言《い》われました。

それは、襲《おそ》いかかる三障四魔《さんしょうしま》の嵐《あらし》に翻弄《ほんろう》される苦渋《くじゅう》の物語《ものがたり》ではありません。

全《まった》く新《あたら》しい未来《みらい》の物語《ものがたり》です。兄弟《きょうだい》が心《こころ》を一つにして苦難《くなん》を乗《の》り越《こ》える物語《ものがたり》、一《いっ》家和楽《かわらく》を成《な》し遂《と》げる物語《ものがたり》、そして、正義《せいぎ》の大勝利《だいしょうり》の物語《ものがたり》です。

この新《あら》たな物語《ものがたり》を描《えが》いていく起点《きてん》こそが、大聖人の「太陽《たいよう》の仏法」が切《き》り開《ひら》いた本因妙《ほんいんみょう》の法門《ほうもん》であり、宿命転換《しゅくめいてんかん》の哲理《てつり》なのです。

## 「元初《がんじょ》の太陽《たいよう》」の大生命力《だいせいめいりょく》を燃《も》やせ

今日《きょう》も、わが地涌《じゆ》の使命《しめい》の友《とも》が躍《おど》り出《で》て、世界《せかい》のあの地《ち》この地《ち》で、新《あたら》しき民《みん》衆凱歌《しゅうがいか》の希望《きぼう》のドラマが始《はじ》まります。

今《いま》ここから出発《しゅっぱつ》！　常《つね》に前進《ぜんしん》！　そして、永遠《えいえん》に戦《たたか》う！　――これが本因妙《ほんいんみょう》の生命《せいめい》です。

「月月《つきづき》・日日《ひび》につより《強》給《たま》へ」（御書一一九〇ページ）と、私たちは「元初《がんじょ》の太陽《たいよう》」の大生命力《だいせいめいりょく》を燃《も》え上《あ》がらせて、「広布誓願《せいがん》」「創価勝利《しょうり》」の世界《せかい》広宣流布の新《あら》たな師弟《してい》の物語《ものがたり》を、朗《ほが》らかに堂々《どうどう》とつづっていこうではありませんか！

未来《みらい》を築《きず》くのは、「今《いま》」です！

## 〔注解〕

〈注1〉【『大学《だいがく》』】「四書《ししょ》」と呼《よ》ばれる儒教《じゅきょう》の根本教典《こんぽんきょうてん》の一つ。

〈注2〉「三妙合論《さんみょうごうろん》」は、天台大師智顗《てんだいだいしちぎ》が『法華玄義《ほっけげんぎ》』で明《あ》かす。三妙《さんみょう》は、法華経本門《ほんもん》の十妙《じゅうみょう》の中の第《だい》一、第《だい》二、第《だい》三。「妙《みょう》」とは、思議《しぎ》し難《がた》いこと。仏《ほとけ》の因位《いんい》の修行《しゅぎょう》（九界《きゅうかい》）と、果徳《かとく》（仏界《ぶっかい》）と、所住《しょじゅう》の国土《こくど》を示《しめ》して、具体的《ぐたいてき》に仏《ほとけ》の真実《しんじつ》の姿《すがた》、事《じ》の一念三千《いちねんさんぜん》を説《と》き明《あ》かしたものである。

〈注3〉【五濁《ごじょく》】悪世《あくせ》の濁《にご》りの様相《ようそう》、生命《せいめい》の濁《にご》りの姿《すがた》を五種《しゅ》に分類《ぶんるい》したもの。法華経方便品第二《ほうべんぼんだいに》にある（法華経一二四ページ）。劫濁《こうじょく》（時代《じだい》の濁《にご》り）、煩悩濁《ぼんのうじょく》（煩悩《ぼんのう》による濁《にご》り）、衆生濁《しゅじょうじょく》（人々の濁《にご》り）、見濁《けんじょく》（思想《しそう》の濁《にご》り）、命濁《みょうじょく》（短命《たんめい》など寿命《じゅみょう》に関《かん》する濁《にご》り）をいう。

〈注4〉トルストイの言葉《ことば》は、『人生の道』（原久一郎訳、岩波書店）から。

〈注5〉一夜賢者経《いちやけんじゃきょう》（訳《やく》は『仏教百話』増谷文雄、筑摩書房）から。

〈注6〉【椎地四郎殿御書《しいじしろうどのごしょ》】弘長元年《こうちょうがんねん》（一二六一年）に鎌倉《かまくら》から椎地四郎《しいじしろう》に送《おく》られたとされる御消息《ごしょうそく》。人物《じんぶつ》についての詳細《しょうさい》は不明《ふめい》だが、四条金吾《しじょうきんご》や富木常忍《ときじょうにん》に宛《あ》てた御書に名前《なまえ》を見ることができることから、建治《けんじ》・弘安《こうあん》の時代《じだい》に活躍《かつやく》していたことがうかがえる。本抄《ほんしょう》では、末法《まっぽう》の法華経の行者《ぎょうじゃ》には必《かなら》ず大難《だいなん》が起《お》こるが、大難《だいなん》があるからこそ、法華経の行者《ぎょうじゃ》として信心《しんじん》強盛《ごうじょう》に励《はげ》むよう指導《しどう》されている。御文《ごもん》の「師曠《しこう》が耳《みみ》」とは、中国・周《しゅう》の音楽家《おんがくか》。耳《みみ》がよかった。「離婁《りろう》が眼《め》」とは、中国古代《こだい》の伝説上《でんせつじょう》の人物《じんぶつ》。目《め》が非常《ひじょう》によかった。

〈注7〉【常《つね》の因果《いんが》】仏教《ぶっきょう》が唱《とな》える通常《つうじょう》の罪障消滅観《ざいしょうしょうめつかん》。過去《かこ》の悪業《あくごう》の果報《かほう》を現世《げんぜ》で一つ一つ受《う》けて消《け》していくという受動的《じゅどうてき》な因果《いんが》の考《かんが》え方《かた》。

〈注8〉【ラリー・ヒックマン博士】一九四二年〜。ジョン・デューイ研究《けんきゅう》の大家《たいか》。アメリカ哲学《てつがく》振興協会《しんこうきょうかい》会長などを歴任《れきにん》。ジム・ガリソン博士とともに、池田先生とのてい談集『人間教育への新しき潮流　デューイと創価教育』がある。

池田大作（いけだ・だいさく）
1928年（昭和3年）、東京生まれ。創価学会名誉会長。創価学会インタナショナル（SGI）会長。創価大学、アメリカ創価大学、創価学園、民主音楽協会、東京富士美術館、東洋哲学研究所、戸田記念国際平和研究所などを創立。世界各国の識者と対話を重ね、平和、文化、教育運動を推進。国連平和賞のほか、モスクワ大学、グラスゴー大学、デンバー大学、北京大学など、世界の大学・学術機関の名誉博士、名誉教授、さらに桂冠詩人・世界民衆詩人の称号、世界桂冠詩人賞、世界平和詩人賞など多数受賞。
著書は『人間革命』（全12巻）、『新・人間革命』（全30巻）など小説のほか、対談集も『二十一世紀への対話』（A・J・トインビー）、『二十世紀の精神の教訓』（M・ゴルバチョフ）、『平和の哲学　寛容の智慧』（A・ワヒド）、『地球対談　輝く女性の世紀へ』（H・ヘンダーソン）など多数。

世界広布新時代の指針

発行日　二〇二〇年五月三日
著者　池田大作
発行者　松岡資
発行所　聖教新聞社
〒一六〇―八〇七〇　東京都新宿区信濃町七
電話　〇三―三三五三―六一一一（代表）
印刷・製本　図書印刷株式会社
定価は表紙に表示してあります
© The Soka Gakkai 2020　Printed in Japan
ISBN978-4-412-01666-8

落丁・乱丁本はお取り替えいたします
本書の無断複写（コピー）は著作権法上での例外を除き、禁じられています